事例でわかる

組織で取り組む

介護職員のための
不当なクレームの
見極めと対応

弁護士
著 横山雅文
Yokoyama Masafumi

第一法規

はじめに

　2000年4月に介護保険法が施行されてから20年以上が経過し、利用者及びその家族の意識も大きく変容しています。

　介護保険制度は、高齢者の介護を社会全体で支え合う仕組みとして創設されましたが、制度発足当時は、未だ、「高齢者の介護は家族がするもの」という意識が残っており、特に、介護老人福祉施設に高齢者を入所させて全面的に介護を委ねることへ後ろめたい気持ちを持つ家族も多かったと思います。私自身、両親を2014年に老人ホームに入所させていますが、遠距離に居住する両親の介護をすることは無理であるとは思いながら、両親に老人ホームへの入居を勧めることに一抹の心苦しさを感じたことを覚えています。

　しかし、今日、介護サービスも、介護保険は介在するものの、事業者が報酬を得てお客様である利用者やその家族にサービスを提供するという一般のサービス業と何ら変わらないものと利用者やその家族から認識されつつあります。この点は、病院等が提供する医療サービスに対する近年の患者やその家族の認識の変容と似ているかもしれません。

　そして、介護事業者も安定した経営のため介護サービス利用者を確保する必要があり、顧客である利用者やその家族に対し、「高齢者とご家族に寄り添う心のこもったサービス」を標榜して、一般のサービス業以上に顧客主義的サービスを心掛けているようです。

　このような状況の中、介護職員が利用者やその家族から身体的・精神的暴力、セクシュアルハラスメントや不当なクレーム（カスタマーハラスメント）を受ける事例が少なくないことが、厚生労働省の調査（「介護現場における利用者や家族等によるハラスメントの実態調査結果」）などで明らかになってきました。

　介護サービスに従事する介護職員の方々は、一般のサービス業に比べてストレスが高いことは容易に想像できますが、それに加えて、利用者やその家族からハラスメントや不当なクレームを受けるとなれば、そのストレスは耐え難いものとなるでしょう。介護職員の離職率が高いことは広く知られていますが、介護職員に対する不当クレーム対策を講じなければ、早晩、介護サービスを担う人材は枯

渇してしまうのではないでしょうか。

　その一方で、近年、介護職員による利用者への虐待事件の報道が度々なされ、その中には、利用者が死亡してしまうという悲惨な事件もあります。決して加害者を擁護するわけではありませんが、私は、これらの事件と介護職員のストレスは無関係ではないように思います。

　そこで本書は、介護職員に対する不当なクレームについて介護職員を守るという観点から、介護職員が精神的ストレスをためて燃え尽きてしまうことがないように、介護事業者や介護施設などの組織及び介護職員が持つべき考え方（不当なクレームの見極め）と対応を提言しました。

　対応については、実際の場面で、利用者やその家族とクレームに対してどのように受け答えするかが重要ですので、事例を基にトークスクリプト（想定問答）を示しながら解説しています。

　介護保険制度は、高齢者介護を社会全体で支え合う制度ですが、高齢者介護の現実の担い手である介護に携わる方々も社会全体で支えていかなければならないと思います。

2023年1月

横山　雅文

目　次

おわりに

第1章　介護業務における不当クレームと対応困難者

介護業務における不当クレーム

　介護施設でも、ときに利用者やその家族から過剰・理不尽な要求を受けて介護業務に支障を来すことがあります。

　顧客等による過剰・理不尽な要求は、一般企業では「悪質クレーム」といわれ、行政組織では、「不当要求行為」といわれています。介護職員の処遇改善や職場環境の改善に向けた取組みを定めた令和3年度介護報酬改定では、利用者やその家族等から受ける著しい迷惑行為を「カスタマーハラスメント」として、カスタマーハラスメント防止のための方針の明確化等の措置を講じることを推奨していますが、本書では、介護施設・介護職員の介護業務に支障を来すような利用者やその家族からの要求を「不当クレーム」といいます。

　介護施設を悩ませている不当な要求の多くは、違法な要求（例えば、理由のない、あるいは、法外な賠償要求）を実現しようとするものではなく、要求は違法とまではいえないが、介護施設の物的・人的側面から実施が困難であったり、あまりに独善的・自己中心的であったりする要求を電話や、長時間にわたる面談交渉等によって執拗に繰り返すというものです。

　したがって、不当クレームを端的に定義すれば、「内容または手段が社会的相当性（社会常識、社会通念）を逸脱する要求」となると思います。そして、本書では、不当クレームを止めようとしない人々を「対応困難者」といいます。

　不当クレーム対策では、介護職員の方々の精神的疲弊をできるだけ回避することが主眼となりますが、このためには、まず、対応困難者の特質を理解することが必要です。

対応困難者の特質―執拗性

　介護職員の方々に精神的疲弊をもたらす対応困難者の特質はその執拗性で

す。

　執拗性、要するにしつこいということですが、しつこいというのは、2つの側面があります。

　1つは、「頑迷固陋」です。

　介護職員の方々の説明・説得を一向に理解しようとせず、また、元の理不尽な要求に戻ってしまう。それが繰り返されるということです。

　何度説明・説得をしても耳を貸さず、「自分の主張が正しい」「お前らは介護職員としての職責を果たす意思がない」と言って、延々と理不尽な要求を繰り返したりします。

　もう1つは、「諦めの悪さ」です。

　「そのご要望は、施設の人員の制約から実現困難です」と何度も断っているのに、「それはおかしい。利用者や家族の意向に応じて大幅にスタッフを増員すべきだ」等と言って、数か月も要求し続けたりします。

　この結果、対応する職員の方々は、非常に長期にわたって対応困難者との対応を余儀なくされることになります。理不尽な要求を受けたり、罵詈雑言を浴びたりしても、それが1回限りで終わるのであれば、精神的なダメージはそれほど大きくないでしょう。しかし、それが長期にわたると、介護職員の方々の精神に著しいダメージを与えるのです。

対応困難者との交渉は堂々巡り

　そして、対応困難者との交渉は堂々巡りとなっているということです。

　対応困難者を説得しようとしている介護職員の方々は一生懸命に理解してもらおうと思っているので、客観的に自分たちの交渉を観ることは難しいと思いますが、対応困難者と対応する介護職員の方との交渉は堂々巡りの交渉になっています。無益な交渉が延々と続いているわけです。

堂々巡りとなる3つの原因

　なぜ、堂々巡りとなるのでしょうか。原因は3つあります。

　1つ目は、対応困難者の要求の前提となる彼らの事実認識が間違っている、思い違いをしているということです。

　例えば、利用者にできた痣は利用者がどこかにぶつけてできたものであるのに、その家族が介護職員の虐待であると主張して譲らないというような主張です。

　2つ目は、自分の要求に結びつける論理に飛躍があるということです。よく見られるのが抽象的な権利と自分の社会常識を逸脱するような具体的な要求を結びつけるという事例です。

　例えば、障害者差別解消法に定められた障害者に対する合理的な配慮を根拠に、「障害者である自分が納得するまでどれだけ時間を費やそうとも説明や交渉を続けるべきである」というように社会通念を逸脱する要求に無理やり結びつける主張です。論理に飛躍があるということです。

　このような場合、「確かに・・・だとは思いますが、今回の具体的な○○さんのご要望について、それを我々が受け入れるべきか否かということは、また別の問題です」とはっきり言って、押し返すということが必要です。

　3つ目は、自己中心的な価値観から要求をしているということです。

　例えば、施設入所者の食事に関して、動物性たんぱく質をとらせるのは、動物虐待であり、持続可能な環境の破壊に通じるから、施設での食事は、植物性たんぱく質に置き換えなければならないなどといった要求です。

　そのような考えを持たない人もいるのに自分の価値観で施設の食事を変えさせようとする、すなわち、価値観が独善的だということです。

対応困難者は自省心に欠けている

　こういった事実認識の誤りとか、論理の飛躍であるとか、価値観が偏っているというのは普通の人でもある程度はありますが、対応困難者は、そういった自分の誤った事実認識や論理の飛躍、あるいは極端な自己中心的な価値観を決して改めません。ですから、皆さん方が一生懸命説明・説得をしても、一向に歩み寄りがないのです。

　どうしてかというと、これが対応困難者の精神的特徴なのですが、自省心が欠如しているのです。自省心というのは、他人の説明・説得を受けて、ひょっとしたら自分の言っていることが間違っているのではないかと省みる心ですが、これが彼らにはないのです。

対応困難者とパーソナリティー障害

　精神医学の分野でパーソナリティー障害という概念があります。パーソナリティー障害というのは、ご存じの方も多いと思いますが、ごく簡単にいうと、偏った思考や行動パターンを繰り返すことによって社会的に不適合を起こす人々のことをいいます。

　そのパーソナリティー障害のいくつかの分類の中で、自己愛性パーソナリティー障害という分類があります。これは、自己愛が偏っている、不健全な自己愛を持っているパーソナリティー障害で、その結果、他人から合理的な説明・説得を受けても、その説明・説得を受け入れることは、自身の不健全な自己愛が傷つくので、「そんなことは聞く耳持たん。私の見解が正しい。あんたら介護職員は私の言うことを聞いていればいいのだ」となって、介護職員の方々からの説明・説得を絶対に受け入れず、時として激高するのです。

　私は、自己愛性パーソナリティー障害、または、それに近い気質を持っている人々が対応困難者になっていると考えています。というのは、精神医学の解説書でふれられている自己愛性パーソナリティー障害の人々の特徴と対応困難者の特徴がよく重なりあっているからです。

　彼らは自分の事実認識の間違いや論理の飛躍や価値観が偏っているということを介護職員の方々の合理的な説明・説得によっても一向に改めません。

　その結果、彼らとの交渉は常に堂々巡りの平行線になるのです。

対応困難者の隠れた目的は精神的自己満足

　対応困難者は、社会的相当性を逸脱する要求をするに当たり、独善的な思い込みのもとに、自己中心的な極端な価値観に固執し、我田引水的な論理を展開します。そして、彼らは、介護職員は、「（利用者やその家族である）自分の要求にはすべて応えるべきである」と思っています。

　実は、彼らは、自身の社会生活において強い不満を持っており、挫折感、孤独感を抱えているのです。このような心理的背景を持つ彼らは、無理・理不尽な要求でも、あたかもそれを当然のことのように要求し、介護職員の方々の合理的な説明・説得には耳を貸そうとしません。

5

　そして、彼らの行動の目的は、実は、具体的な要求の実現そのものにあるというよりも、自分が有能であることを周囲の人々が認めていないという有能感の確認不全や孤独感、挫折感の解消にあります。つまり、彼らは、介護職員の方々に対して、独善的で社会常識を逸脱するような要求をぶつける。上席者に代わるよう求める。自分の考えていることを上席者に大上段で演説して聞かせる。自分に対して特別な配慮、対応をさせる。そういうことで、自身の日常生活で満たされない有能感を得たり、孤独感、挫折感を解消しようとしたりしているのです。

　このような自分の精神的自己満足を得るために、彼らは際限なく不当クレームを繰り返します。彼らはこのような目的から不当クレームを続けているので、利用者やその家族からの要望だから彼らが納得するまで交渉を続けなければならないと考えて対応し続けると、連日の長時間の電話や施設における居座りが常態化し、介護業務に著しい支障を来すようになります。

　対応困難者に対応する介護職員の方々は、まず、このことを理解することが重要です。

対応困難者に代替案の提案をしても功を奏さない

　彼らはこのような目的から不当クレームを続けているので、介護職員の方々が提示する代替案、例えば、「○○はできなのですが、□□であれば可能ですので、こちらでご了承頂けないでしょうか」という提案は受け入れません。何故かというと、彼らは常に、「自分の思い通りに」ということに執着するからです。自分の思い通りの解決でなければ、有能感を感じられないのです。

　よく、クレーム対応の本に「受け入れられない要求をされた場合は、可能な代替案を提案しましょう」などと書かれていますが、対応困難者に代替案を提案してもほとんどの場合、「要求通り実現しろ」という出だしに戻ってしまいます。

　そして、対応困難者の要求を拒絶しながらも、交渉を打ち切らずに続けると、連日の長時間の迷惑電話や施設における居座りが常態化し、介護業務に著しい支障を来し、介護職員の方々は、精神的に疲弊していくことになります。

第2章　不当クレームによる介護職員の精神的疲弊

介護職員の精神的疲弊の原因

　介護職員の方々が不当クレーム対応によって著しく精神的に疲弊する原因は、対応困難者に感じている「この人はいったい何を考えているのだろう」という得体の知れなさによる困惑からくる嫌悪感や恐れにあります。

　この得体の知れなさを克服するためには、第 1 章で指摘したように、まず、どうして彼らは不当クレームを繰り返すのか、彼らの心理的特質（「対応困難者は自省心に欠けている」「対応困難者の目的は精神的自己満足」）を理解することが必要です。

　対応困難者は、思い込みによる事実認識の誤りや我田引水的な論理の飛躍、独善的な価値判断に固執して頑迷固陋に自己の主張を繰り返します。このような対応困難者に対応する介護職員の方々は著しい精神的疲弊を感じるわけですが、その精神的疲弊の原因は、徒労感と感情偽装です。

精神的疲弊の原因①　徒労感

　第 1 章で述べたように、対応困難者との交渉の特徴は何かというと、堂々巡りになっているということです。客観的に見ると無益な交渉を延々と続けているわけです。

　この堂々巡りの交渉が延々と続くことによって生じる精神的疲弊が、いわゆる「徒労感」です。

　介護職員の方々がいくら一生懸命に説明・説得しても、全くそれに歩み寄らず、元の理不尽な主張・要求に戻ってしまう。それが何度も繰り返される。やがて、職員の方々は感じます。「ああ、もう何時間も同じやり取りの繰り返しじゃないか。延々、話が進まないし、終わらない」。

　人は、無意味な行動の繰り返しに著しい精神的疲弊を感じます。意義を感じることができない行為の繰り返しを強いられることは、精神に著しいダメージを与えるのです。

精神的疲弊の原因②　感情偽装
....

　そして、徒労感とともに精神的疲弊を高めるのは感情偽装です。

　対応困難者に対応する職員の方々は、心の中では、「なんて理不尽な主張をするんだろう」「異常にしつこい人だな」と感じていますが、それを口に出すことはできません。会話の中では、利用者やその家族のご意見・ご要望を丁重に伺うという姿勢を取り続けなければいけません。

　特に介護施設などで行われている接遇研修では、常に「傾聴」の必要性が説かれています。このため、介護職員の方々は、理不尽な、ときに支離滅裂でさえある対応困難者の主張・要求でも傾聴し続けなければならないと考えがちです。内心では、「この人は何を考えてるんだろう」と思いながら、表情には出さず、「ごもっともです」というような態度で、対応困難者の理不尽な主張・要求を聞き続けるのです。

　このように実際には感じていない偽りの感情表現をしたり、内心を相手に気づかれないように隠したりすることに腐心する、このような感情偽装が精神的疲弊の原因となります。

　このような感情偽装は、サービス業ではよく見られるものですが、通常の民間企業では、同じクレーマーに対して長期にわたり対応が継続するということは稀です。しかし、介護施設では、対応困難者が利用者やその家族である限り、延々と続くのです。

　そして、介護職員の方々にとって、これは看過できない問題なのです。

表層演技と深層演技

　感情偽装には、表層演技と深層演技があるといわれています。

　表層演技とは、介護職員の方々が心の中では、対応している対応困難者のことを「理不尽な要求を続ける嫌な人物」と思いながらも、「懇切丁寧な言葉遣いと表情」で対応するというような表面を取り繕うことをいいます。一方、深層演技とは、「利用者やその家族の方の中には、多様な意見、おかれている背景があり、不当クレームもそのような多様な意見、背景があって生まれてくるものであるから、理不尽な要求を受けても、それを理解し、心から懇切丁寧な言葉遣いと表情が出てくるよう努めるのが介護職員の責務であ

る」と考え、心の中では対応困難者に対して、嫌悪感や恐れをもたないようにする、すなわち、「表層演技のように見せかけを取り繕うのではなく、自分の感じ方そのものを変えようとするもの」（榎本博明「おもてなし」という残酷社会　平凡社／2017年）です。

この深層演技に至ることこそが、感情労働を熟練したものにし、精神的疲弊を低減させるという意見があります。しかし、逆に、この深層演技こそ、燃え尽き（バーンアウト）に繋がる危険性をはらんでいるとする意見もあります。

私は、深層演技というのは、いわば、人間の自然な感情に対する偽装ですので、これが精神的疲弊を軽減させるという理屈には無理があると考えています。

そして、感情偽装、とりわけ深層演技が長期にわたることが対応困難者と対応する介護職員の方々がメンタルヘルスを害する大きな要因となっており、バーンアウトやうつ病などの精神疾患へ繋がっていくと思います。

受容と精神的疲弊

この深層演技と似た考え方に「受容」という概念があります。介護の研修や現場では、この「受容」という概念が盛んに説かれ、実践するよう求められています。

受容とは、対象者の「考えを頭から否定せず、どうしてそう考えるのかを理解すること」といわれています。

介護の現場でいえば、例えば、ショートステイを開始した利用者が、施設に来て間もなく、「私帰らなくちゃ」と言って帰ろうとした時、「今日はここで泊まるんでしたよね」というのではなく、「帰りたいの？」「どうして帰らなくちゃならないの？」と尋ねて、利用者が帰りたいと言っていることを否定せず、それをありのまま受け止める態度を示して利用者を安心させるということです。

このような受容の概念は、利用者を精神的に安定させ、介助者と良好な関係を構築するという効果があると思います。

しかし、この受容という概念を介護のあらゆる場面に持ち出してくること

は、介護職員に大きな負担を負わせることになると思います。

　例えば、利用者から叩かれるなどの物理的暴力を振るわれたとき、それを止めさせることなく、「どうして叩くのかな？」と尋ねて、利用者が自分を叩くに至った心情を理解しようとしなければならないのでしょうか。また、利用者から胸を触られるなどのセクハラを受けたとき、「どうして胸を触るのかな？」と尋ねて、自分の胸を触りたいと思った心情を理解しなければならないのでしょうか。

　そうではなく、まず、「痛いから叩くの止めてね」「私胸を触られるの嫌だから止めてね」と言って、利用者のハラスメントを制止（否定）することが必要なはずです。

　介護職員が「利用者や利用者家族の言動を否定しない」ということに囚われ過ぎることによって、不必要な精神的疲弊を受けていないか考えてみる必要があると思います。

　受容という概念は、もともとカウンセリングの技法（バスティックの7原則）として提唱されたものです。カウンセリングと介護業務は重なる部分があるかもしれませんが、介護業務はカウンセリングのように対話に止まらず、現実に利用者の日常生活を介助するものです。

　このような介護業務の全般に受容という概念を持ち込むことは、現実の場面で介護職員に無理を強いることになっているのではないでしょうか。

顧客主義的サービスと対応困難者

　顧客主義が介護事業にも浸透し、介護職員の方々も利用者やその家族の納得・満足を目指した対応をしています。

　顧客主義的サービスそれ自体は大変素晴らしいことですが、対応困難者に対してもそれを貫くと、対応困難者に付け込まれ、結果、交渉は長期化します。長期にわたり対応困難者に対応する職員の精神的疲弊は計り知れず、やがて、燃え尽き、仕事に対する意欲を失うことになります。そうなれば、利用者に対するサービスも低下するはずであり、このようなことが果たして、

真の利用者のための顧客主義的サービスといえるのかを改めて考える必要があると思います。

カスタマーハラスメント

　最近、民間企業ではクレーマーによる従業員に対する理不尽な言動をカスタマーハラスメント、すなわち、顧客による従業員へのハラスメントと捉えるべきであるという考えが広まってきています。そして、このようなクレーマーによるハラスメントから従業員を守るべきであるとして対策を講じる企業も増えています。

　令和3年度介護報酬改定も、このような観点から、利用者やその家族等から受ける著しい迷惑行為を「カスタマーハラスメント」として、カスタマーハラスメント防止のための方針の明確化等の措置を講じることを推奨しています。

　顧客が従業員に対してハラスメントをする場合があるという、実は誰もが知っていた、あるいは、感じていた現実を直視し出したのです。

　介護事業者も利用者やその家族が不当クレームなどによって介護職員にハラスメントをすることがあるという現実を直視し、対応困難者から職員を守るという理念が必要です。

　そして、このような理念が不当クレームに対する組織的対応の出発点になります。

施設管理者の配慮の必要性

　対応困難者に対応する職員のメンタルヘルスを考えるうえで、意外と重要なのは、施設管理者の対応困難者に対応する介護職員への配慮です。

　不当クレーム対応の研修で、受講者から、「不当クレーム対応に関して管理職の理解がなく、つらい思いをしているが、どうすればよいか」という質

問を受けることがよくあります。

　まず、対応が長時間に及んでしまった、喧騒状態になった等、初期対応した職員が早期・平穏に収束できなかったとしても、懸命に対応した結果ならば、批判すべきではありません。

　次に、対応困難者に対応している介護職員が苦慮している場合は、施設管理者は、速やかに介入してサポートをする必要があります。ここで「施設の責任者が安易に出るべきではない」などと考えて消極的になってしまうと助けを得られない介護職員は施設に対する不信感を募らせることになります。

　そして、その日の対応が終了した時に、対応した介護職員に声をかけて労をねぎらい、次に不当クレームを受けたときの対応を施設内で協議し、情報や方針を共有するということが重要です。

　不当クレーム対応をする際、最もつらいのは、対応中、上司から白い目で見られたり、対応困難者からやっと解放されたと思った後に上司から批判的な意見を言われたりすることなのです。

　施設管理者の理解とバックアップ、そして、施設内で対応困難者の情報と方針を共有することができれば、介護職員の方々は「施設全体で対応している」と思うことができ、安心して対応することができます。そうなれば、ストレスも軽減され、ミスも少なくなるでしょう。

第3章　不当クレームの見極めと対応の基本

適切な初期対応の重要性

　介護業務における不当クレームをできるだけ少なくするためには、まず、利用者や家族からクレームを受けた入り口において「適切な初期対応」をとることが重要です。

　私は、適切な初期対応とは、①傾聴したうえ、②丁寧な説明・説得③率直な回答を④繰り返すことと考えています。

①傾聴

　傾聴とは、よく話を聞くということですが、傾聴する目的は、クレームの事実経過を確認し、利用者やその家族の不満のポイントを把握すること、そして、傾聴の姿勢を示すことによってクレーム対応の当初から利用者やその家族と信頼関係を構築することにあります。

　受容という概念に囚われているためか、利用者やその家族の理不尽な主張や要求を否定してはいけないと考え、延々と披歴させてしまう事例がありますが、そのような対応は決して適切な対応とはいえません。

②丁寧な説明・説得

　次に、対応困難者の社会的相当性を逸脱するような要求に対してお断りをする際、丁寧な説明・説得をするということです。

　「丁寧な」というのは、彼らの知識・理解力に応じた説明・説得を心掛けるということです。

　例えば、介護業界の専門用語や業界用語に通じている利用者や利用者家族は少ないでしょうから、このような用語はできるだけ使わないようにします。

　また、説明をする相手の年齢や理解力に応じて説明の仕方やスピードを調整する、つまり、説明・説得は相手に理解力に応じて変える必要があり、紋切り型の説明・説得ではいけないということです。

③率直な回答

　次に、彼らの要求に対して話をそらして逃げる回答をするのではなく、率直に回答すべきです。

　例えば、「自分の質問・要求に対する回答はすべて文書にしろ」と言われたときに、耳障りのいいような一般的な言い回しで逃げるような回答、「ご家族の方からのご質問・ご要望に対しては、十分配慮してまいります」で答えるのではなく、率直に「誠に申し訳ないですけれども、頂いたご質問、ご要望に対してすべて書面で回答することをお約束することは致しかねます。と申しますのは、・・・」と率直に回答したうえで、その理由を説明します。

　往々にして、強硬な態度で強硬な要求をされたときに、「そのままお断りしたら、ここで紛糾してしまうのではないか」との懸念から、耳障りのいい言葉で、言葉は悪いですが、逃げようとしがちです。

　しかし、そのような回答をすることで、かえって彼ら「対応困難者のスイッチを入れる」ことになるのです。

　どういうことかというと、「俺の要求に真正面から答えていないじゃないか」という反発を感じさせてしまうのです。「俺の話を聞いていないじゃないか」「まともに答えようとしていないじゃないか」となり、これが彼らの怒りに火をつける原因となります。

　「逃げる回答」、これがかえって事態を紛糾させるということに繋がるのです。

　ここでいう率直な回答というのは、要求の核心に応える回答をするということです。実際は、率直な回答をしてそれによる紛糾を恐れない方が、かえって交渉をうまく収めることができるのです。

④繰り返す

　そして、説明・説得、率直な回答を繰り返すということです。

　我々弁護士の仕事でも、自分の依頼者に対して説明・説得をするという機会がありますが、なかなか1回、2回の説明・説得では理解してもらえなくなりました。

　今日、あらゆる業種で顧客主義的対応が一般化しています。

　民間企業ではお客様、弁護士では依頼者、病院では患者、自治体では住民、介護施設では、利用者やその家族、そういった立場になると、たとえ無理難題な要求をしても、「○○さん、それはちょっと通らないですよ」とか、「それはちょっと筋が違うのではないですか」と、こう指摘される経験が非常に少なくなっているのです。無理難題な要求を主張しても、それを正面から指摘された、反論されたことがないのです。

　そうすると「自分の要求は常に正しい」「批判を受けるいわれなどない」という独善的な意識が強くなる人々が出てきます。その結果、合理的な説明・説得を丁寧に行っても、1回、2回の説明・説得では理解してもらえないということになるのです。

　ですから、繰り返し、説明・説得をする必要があります。

　何度も同じ説明・説得をさせられて不快に感じるかもしれませんが、ここでイライラしてはいけません。このようなイライラの感情は相手に必ず伝わりますし、自身の精神衛生上もよくありません。

　無理難題な要求をする人々に対しては、10回位は説明・説得を繰り返す必要があると思って、説明・説得に入った方がよいのです。

説明・説得は1時間が限度

　但し、説明・説得を繰り返すといっても限界があります。介護職員の方々は、福祉的観点から一般の民間企業の従業員よりも本質的に無限定な要求を受けがちです。したがって、限界設定をする必要があります。「1回の交渉で概ね1時間が限度」と考えてください。

　第1章で指摘したとおり、対応困難者は自省心に欠けているので、介護職員の方々が説明・説得を尽くしても、その説明・説得に歩み寄ってくることはなく、また元の理不尽な要求に戻るという堂々巡りの交渉になるのです。

　1時間説明・説得を尽くしても納得も諦めもしてくれない人（対応困難者）は、その後、2時間、3時間と説明を繰り返しても決して納得も諦めもしてくれません。

　また、説明・説得を繰り返すときの心の持ちようですが、「話せば分かる」という観点から、納得してもらおうと思って説明・説得を繰り返すと、疲弊してしまいます。そうではなくて、「諦めてもらう」という観点で説明・説得を繰り返した方が、実際はうまくいきます。

　もちろん、こちらの説明・説得が間違っていないということが前提ですが、正しい説明・説得をして、無理難題な要求を止めてもらうということが目的なのですから、「諦めてもらう」でよいのです。

　利用者やその家族に「俺は納得できないけど、そういう考え方もあるのか」「まあ、仕方ないのか」と、こう思ってもらうということです。

　それで説明・説得は成功です。

傾聴し過ぎず押し返す

　そして、傾聴し過ぎないということも大事です。無理難題な要求については「できません」と率直に答える。そこで少し紛糾したとしても、率直に回答した結果の紛糾は避けないということが大事です。延々と言い分だけを聞いているというのは、決してよくありません。

　何故かというと、言い分を聞き過ぎることによって、無理難題な要求を止めようとしない人のペースになってしまい、延々と無理難題な主張を披歴し続けさせるということになります。

　少し押し返すということが必要なのです。

　話が長くなってきた時点で、「すみません○○さん、お待ちください。今おっしゃたことは、・・・だから、○○をしなさいということですね」と確認して、「やはり我々としては、××の理由から、○○のご要望には応ずることはできません」と押し返すのです。

　このようなやり取りを繰り返せば、最初は無理難題なことを言っていた人も次第に穏当になっていきます。

介護業務における不当クレームの判断

　以上を踏まえると、介護業務における不当クレームか否かの判断基準は以下のとおりとなります。

⑴　介護施設・介護職員として「適切な初期対応」を行っている。

⑵　にもかかわらず、堂々巡りの要求が繰り返されている。

⑶　結果、職員の精神状態を含めて介護業務に支障を来している。

　不当クレームが執拗で長期にわたってしまうその原因は、明らかに介護業務に支障を来しているにもかかわらず、対応される介護職員の方々が「利用者や利用者家族からの要望だから、窓口をシャットアウトしてはいけないのではないか」という考えに囚われ、いつまでも対応困難者との交渉を継続してしまうことにあります。

　介護職員が適切な初期対応をし、説明・説得を尽くしているのに、納得できないとして、毎日のように長電話をかけてくる、あるいは、施設に長時間居座って帰ろうとしないというような場合、これ以上は介護業務に支障を来す不当なクレームと判断して、対応を切り替えるのです。

　逆に適切な初期対応によって収束するのであれば、たとえ、当初の要求が無理難題であったり、高圧的な態度でなされたとしても、それは「通常のクレーム」ということになります。

対応の切替え—法的対応の必要性

　対応困難者に対しては、通常の利用者やその家族に対するような対応、顧客主義的な対応（「納得・満足するまでの対応」「寄り添う対応」）ではなく、法的対応に切り替える必要があります。

　ここに法的対応とは、「介護業務への支障を回避するための必要かつ法的に許された措置を取ること」です。

　顧客主義的な介護サービスという意識が介護事業者に浸透した今日、多く

の介護職員の方々は、対応困難者に対してもなおお客主義的な対応を心掛けようとする意識があり、このような意識から対応困難者に対して客観的な判断に基づく毅然とした対応をとることを抑制しがちです。

しかし、対応困難者に対しては、通常の顧客対応（顧客主義的対応）から離れて対応を切り替えなければ、介護職員の方々は精神的に疲弊し、やがて日常の業務に対する気力がなくなっていきます。

対応困難者に対しては、法的対応に切り替えてよい、対応を区別してよいと思うことで、対応困難者に感じさせられた嫌悪感や恐れを日常の業務に及ぼさないようにすることができるのです。

人は、誰かに嫌な思いをさせられるとその対象者を一般化して認識する傾向があります。利用者やその家族のうち対応困難者となるのはほんの一握りの人々ですが、この一握りの対応困難者に嫌な思いをさせられると、「クレームを言ってくる利用者や家族は厄介だな」と思うようになり、やがて、「介護なんて、まともにやっちゃいられないな」と思うようになってしまうのです。

対応困難者は介護職員の方々の士気を低下させます。そして、士気の低下は介護サービスの低下、極端な場合は、利用者に対する虐待に繋がりかねません。

このようにならないためには、「残念ながら介護施設に来る利用者や利用者家族の中には、少ないけれども、対応困難者となる人々は現に存在する。しかし、そういう人々に対しては対応を切り替えてもよい」と思えることが必要なのです。

対応困難者との長期の交渉による判断能力の低下

対応困難者と長期間交渉を続けると、職員の能力、主として判断能力が低下します。

対応困難者と対応する職員は、どうしても対応困難者に対して嫌悪感や恐れを持ちます。「どうしてこの人は、こんな当たり前の理屈が分からないのか」「いい加減、こういった理不尽な要求は止めてもらえないだろうか」「この人は、いったい何を考えているのか」といった感情です。

　我々は、このような嫌悪感・恐れを抱いている相手方と、長期にわたって交渉すると、その嫌悪感や恐れを打ち消すために精神的なエネルギーの大部分が使われてしまうので、判断に必要な精神的なエネルギーを使い果たしてしまい、判断能力が低下することになるのです。

　判断能力が落ちた結果どうなるのか。それは、時として、利用者やその家族に対する暴言や利用者に対する虐待行為等の「やってはいけないことをやってしまう」ということになります。

　このように、対応困難者と交渉を続けるということは、介護職員の方々にとって、リスキーなのです。

介護施設・職員は公共財

　職員の方々が精神的に疲弊しないために認識すべきことは、対応困難者は事実認識の間違いや論理の飛躍や価値観が偏っているということを職員の方々がいくら説明・説得しても改めないということです。

　すべての利用者やその家族のクレームに対して、納得・満足するまで説明・対応すべきだとして、このような対応困難者の精神的自己満足のために介護施設・職員が長時間にわたり独占される、あるいは、機能不全となってよいのかということを考えるべきです。

　介護施設というのは、すべての利用者やその家族のために公平に利用されるべき、公共財です。そのような公共財を一部の対応困難者の精神的自己満足のために独占されたり、機能不全に陥らせてはならないのです。

介護業務における法的対応

　そして、介護業務への支障を回避するための必要かつ法的に許された措置には以下の段階があります。
① 交渉の打切り
② サービス提供の拒絶・契約解除
　以下、各段階について検討していきます。

法的対応①　交渉の打切り

すでに指摘したとおり、対応困難者との交渉は堂々巡りの交渉となります。法的対応としては、まず、介護業務への支障を回避するため、この堂々巡りの交渉を打ち切るということになります。

それでは、どのように打ち切ればよいでしょうか。

「申し訳ないですが、先程からご要望を受けていますけれども、再三お答えしているとおり、我々としてはご要望にお応えすることはできません。時間も限られておりますので、この辺でそのお話は終了させて頂きます」と言っても、「俺の話は終わってはいない」と、「もっと交渉を続けろ」ということになってしまいます。

ではどうするのかというと、対応困難者の要望が受け入れられない本質的な理由、すなわち、交渉が堂々巡りになっている原因（第1章　堂々巡りとなる3つの原因）、それだけを穏やかに繰り返し指摘するのです。

対応困難者は自身の要求を正当化するのに、様々なことを言い、その過程で間違ったことや要求それ自体とは無関係なことも言います。そのときに、一つ一つ彼らが言っていることの間違いや無関係であることを指摘してはいけないということです。交渉が堂々巡りとなっている原因、すなわち、彼らの要求が通らない本質的な理由だけを彼らが一通り主張を終えた時に指摘するのです。

「申し訳ないですけれども、調査の結果、○○様の発病は当施設の介護サービスによるものではないことが明らかとなっており、事実関係がご主張とは違っておりますので、ご希望に沿うことは致しかねます」と、それだけを答えるということです。

このように事実認識の間違いがあるのであれば、事実認識の間違いを指摘します。抽象的な権利から、自分の具体的な社会的相当性を逸脱するような要求に結びつける人に対しては、「障害者の権利が大事なのは承知しておりますけれども、そこから直ちに○○さんが要望される対応まで認められるというわけではありません。申し訳ないですけれども、施設の人員の制約から、我々としてはそういったご要望はお受け致しかねます」と、それだけを指摘し、それを繰り返すのです。

　何を言われても、どういうような話を持ち出されても、答えるのはそれ（要求が通らない本質的な理由）だけということです。それを繰り返すわけです。

　そうするとどうなるのか。彼らは必ずトーンダウンしてきます。どうしてかというと、彼らの要求に応じることができないその本質的な理由は、彼らの主張のウィークポイントです。ウィークポイントを繰り返し指摘されると議論、交渉のエネルギーが次第に落ちていくわけです。

　そして、トーンダウンしたところを見はからって、「先ほどから同じ話の繰り返しになっておりますね。申し訳ないですけれども、私どもが検討した結果、そういったご要望に応ずることはできないという結論が出ておりまして、この結論は変えようがありません。申し訳ないですけれども、ご要望については、これでお話を終わらせて頂いてよろしいでしょうか」といって交渉を打ち切るのです。

　対応困難者が頭にきてカッカしているときに、「もう時間だからこれ以上聞けません」とやってしまうと、「何だ、あんた方は我々の話もよく聞きもしないで」となるわけです。彼らの要望に応えることができない本質的な理由だけを端的に、やんわりと何回も指摘するということ、これが彼らの理不尽な要求、社会的相当性を逸脱するような要求を終わらせるコツになります。

　彼らがエキサイトしている時に打ち切るということになると、彼らから恨みの感覚みたいなものを持たれるわけです。これは以後の関係を考えるとよくありません。トーンダウンさせて、交渉のエネルギーを落としてから、その要求に関する交渉を打ち切るということが重要です。

執拗に交渉要求が続く場合

　交渉を打ち切ろうとしてもなお、執拗に交渉を求めてくる場合は、どうすればよいのでしょうか。

　この場合は、書面で「これ以上、そのご要望については交渉しない」旨通知します。

　このような書面による通知をする意味ですが、口頭で「これ以上、この件

についての交渉は致しかねます」と言っても、「自分はまだ納得していない。納得するまで、説明するのが介護職員の義務だろう」などと言われ、また、最初から交渉が始まってしまうことになります。しかし、書面でこれ以上交渉しない旨の通知をしておくと、交渉を持ち掛けられても、「令和○年○月○日付回答書のとおりですので、交渉は致しかねます」と告げて、速やかに交渉要求を断ることができるのです。

　このような通知書は、対応困難者が利用者の家族の場合や通所介護施設、訪問介護施設では、郵送となり、入所施設では、利用者本人には手渡しということになるでしょう。

書面による交渉拒絶通知の書き方

　交渉拒絶通知を出す場合、問題はその記載の仕方です。

　まず、一般的・包括的な交渉拒絶や窓口対応の拒否はすべきではありません。利用者やその家族は基本的に介護施設に対し、問い合わせをしたり、苦情を述べる権利があるというべきですから、業務に支障を来している交渉や対応になっている当該案件に関する件を特定して、その件に関して交渉を拒絶すべきです。

　次に、当該案件における対応困難者の社会常識を逸脱する要求を具体的に記載します。

　次に、そのような要求に対して、介護施設では、きちんと理由を付して要求に応ずることはできないことを再三、説明・回答していることを指摘します。

　次に、対応困難者が、上記のような説明・回答をしているにも関わらず、執拗に要求を繰り返したり、説明を求め続けたりするため、業務に著しい支障を来していることを記載します。ここで、できれば、電話や面談における対応回数・時間を具体的に記載します。

　そして、最後に、「上記の理由から、本件（当該案件）に関しては、これ以上対応致しかねます」と結ぶのです。

　なぜこのような記載をするかというと、このような通知をネット上に公開したり、自治体に対して当該介護施設の対応を告発した場合に、通知の内容

からネットの視聴者や担当者に対応困難者の不当性を理解してもらうためです。

　要するに、交渉拒絶の通知書は、「どちらに非があるのかわかってもらう」、つまり、その書面の内容から介護施設が交渉を拒絶することがやむを得ないことを第三者にも理解できるような内容にすることが必要です。

交渉拒絶通知の記載例

　上記の要点を踏まえた記載例を示すと次のような通知書の文面となります（利用者家族に対する通知）。

令和○年○月○日

×××× 様

○○○○施設長

○○○○

（問題となっている案件）に関するご要望について

前略

当施設は、上記の件に関し、令和○年○月以降、××様より、再三にわたり、（対応困難者の具体的要求）とのご要望を受けてまいりましたところ、当施設におきまして、（要求が受け入れられない理由）から、××様のご要望につきましては、すでに対応致しかねる旨重ねて回答しております。

しかしながら、××様は、これに納得されず、連日、要望を受け入れることを求め、このような要望は、令和○年○月以降、電話にて○○件、合計通話時間は○○時間に及び、また、当施設でも上記ご要望について面談要請を繰り返され、職員の対応回数は、○○回、合計対応時間は○○時間に及んでおります。

　このような××様の度重なる架電及び面談要請により、当施設の業務は著しい支障を来しております。

　つきましては、本書をもちまして、××様の上記ご要望には対応いたしかねる旨、改めて回答するとともに、今後、当施設におきましては、本件に関する××様からお電話、来訪を頂きましても対応致しかねますので、ご了承ください。

草々

　このような通知書は、必ずしも内容証明郵便で発送する必要はなく、先方に通知書が受領したこと、または、到達したことを確認できればよいので、書留郵便か特定記録郵便で発送すればよいでしょう。

法的対応②　サービス提供の拒絶・契約解除

　法的対応の次の段階としては、利用者や利用者家族の行為によって施設の介護業務に著しい支障を来していることを理由にサービス提供を拒絶、あるいは契約を解除するというものです。

　介護事業者にとってサービス提供の拒絶・契約解除が必要となるのは、利用者による介護職員に対する看過できないハラスメントが継続している事案が多いと思いますが、利用者や身元引受人となっている家族から介護業務に著しい支障を来す執拗な不当クレームを受け続けている事案も、サービス提供の拒絶や契約解除まで検討せざるを得ない場合があり得るでしょう。

　このようなハラスメントや不当クレームを理由にサービス提供の拒絶や契約解除はできるのでしょうか。

サービス提供の拒絶・契約解除には正当理由が必要

　厚生労働省の定めた省令（「指定居宅サービス等の事業の人員、設備及び運営に関する基準」以下、「基準省令」といいます）では、介護事業者は正当な理由なく介護サービスの提供を拒んではならないと定められています

（サービス拒否禁止の原則）。

　これは、介護サービスの利用者が介護サービスを断られる、あるいは、既に受けていたサービスを打ち切られることは、利用者の生活及び健康に著しい悪影響を与える可能性があることから、介護事業者側からのサービス提供の拒絶を原則として禁止したものです。これに対して、一般の事業者には取引の自由がありますから、不当な差別とならない限り、事業に支障を及ぼすような悪質クレーマーに対しては、来店拒否などの措置を講じることができます。

　この点で、介護事業者は一般の事業者と異なるのです。

　まずこのことをよく認識しておく必要があります。

　そして、ここに正当理由とは、一般的には

①　当該事業所の設備・人員から利用申込みに応じきれない場合

②　利用申込者の居住地が当該事業所の通常の事業の実施地域外である場合（訪問介護事業所の場合）

③　当該事業所において、利用申込者に対し、自ら適切な介護サービスを提供することが困難な場合

④　入院治療が必要な場合

がこれに当たるとされています。

　しかし、利用者やその家族から介護事業者の業務に著しい支障を与える行為が続いていても、介護事業者側からは一切、サービス提供の拒絶や契約解除ができないと考えることは、介護事業者として受忍すべき限度を超える負担を課するものであり、介護業務に従事する介護職員の身体的・精神的安全確保の観点から適切ではありません。

正当理由が認められる場合

　それでは、ハラスメント・不当クレームを理由とするサービス提供の拒絶・契約解除はどのような場合に正当理由が認められるのでしょうか。

　これは、介護事業者側の権利と利用者やその家族側の権利の調整の問題となります。

　利用者やその家族側の権利としては契約に基づく介護サービス提供を受け

る権利があり、それに加え、介護事業者には、介護サービスを拒絶して介護サービスを受ける必要がある利用者の生活・健康に著しい悪影響を与えてはならないという義務があります。

　その一方、介護事業者としてなすべき努力を尽くしているにもかかわらず、介護業務に著しい支障を与え安全な介護業務の継続を困難にさせられている場合にまでも介護サービスを継続しなければならないとすることは、介護事業者、介護職員に過度の受忍義務を課することになり、社会全体で支えるべき介護事業の基盤を損なうことに繋がります。

　このような観点からすると、介護事業者としてハラスメント・不当クレームに対してなすべき配慮・努力を尽くしているにもかかわらず、利用者や身元引受人となっている家族が介護業務に著しい支障を及ぼすハラスメント・不応クレームを止めようとせず、安全な介護業務の継続を困難とさせている場合は、サービス提供の拒絶・契約解除に正当理由があるものというべきです。

　具体的には、

①　介護事業者側が利用者や身元引受人となっている家族に対し、ハラスメント・不当クレームによって介護業務に著しい支障を与えていることを説明したうえで、ハラスメント・不当クレームを止めるようしかるべき時間を取って複数回、説得を試み（複数回の説得）、

②　ハラスメント・不当クレームが継続した場合には、サービス提供の拒絶・契約解除となることを告知し（サービス提供拒絶の告知）、

③　告知後もなお、介護業務に著しい支障を与えるハラスメント・不当クレームが継続し、当該介護施設における通常の介護業務の継続が困難となっている場合（介護業務への著しい支障。例えば、ハラスメントによって介護職員の介護サービスを拒否するものが複数出てシフトが組めなくなったり、複数の退職者ないし退職希望者が出るに至っている場合や、不当クレーム対応で複数の職員が長時間の対応に追われ、本来の施設業務に著しい支障が生じている場合など）、

④　他の介護事業者を紹介するなど、当該介護事業者において可能な利用者の生活・健康に及ぼす悪影響を回避する方策を講じたうえで（他事業者の

紹介)、

　サービス提供を拒絶・契約解除する場合は、正当理由があるといえると思います。

　なお、対応困難者の対象を利用者及び身元引受人に限定しているのは、契約当事者ではない利用者家族の迷惑行為によって利用者にサービス提供拒絶や契約解除の不利益を負わせるのは明らかに行過ぎであり、通常の場合、正当理由を認めるのが困難であるからです。また、正当理由が認められる要件である「著しい介護業務への支障」も、当該施設において通常の介護業務の継続が困難になる等、交渉拒絶の場合に比して重大な支障であることが必要であると思います。

　すなわち、サービス提供の拒絶・契約解除の正当理由が認められるためには、交渉拒絶では介護業務への支障を回避できない程度の対応困難者による著しい迷惑行為が必要です。

契約条項及び重要事項説明の重要性

　後日の紛争を避けるためにも、サービス提供の拒絶や契約解除は、契約条項や重要事項説明書の記載事項に基づいてなされることが望ましいと思います。なぜなら、契約条項や重要事項説明書の記載事項に、介護事業者側からサービス提供の拒絶や契約解除がなされ得ることが記載されていなければ、サービス提供の拒絶や契約の解除をされた利用者や身元引受人にとって「予期せぬ事態」となるからです。

　しかし、契約条項や重要事項説明書に、ハラスメントや不当クレームが続いた場合、事業者側からサービス提供の拒絶や契約解除ができるという条項や記載を設けていない介護事業者が少なくありません。

　これは、そのような契約条項を設けたり、重要事項説明書に記載すると利用者やその家族から、介護事業者の標榜する「寄り添った対応」と矛盾すると思われるのを懸念してのことかと思いますが、これは「自縛の紐」となってしまいます。

　現に介護業務の継続に著しい支障を与えるハラスメントや不当クレームは存在するのですから、少なくとも、契約書にはハラスメントや不当クレームを事業者側からの解除事由とする条項を設けるべきでしょう。

　例えば、以下のような条項となります。

　第○○条　（サービス提供の拒絶・契約の解除）

　1　事業者は、以下の各号に記載する事由がある場合は、利用者に対し、サービス提供を拒絶し、または、本契約を解除することができる。

　(1)　利用者が他の利用者の身体・財物・名誉を傷つけることによって契約を継続しがたい事態を生じさせ、その事態の改善が見込めない場合

　(2)　利用者または身元引受人が職員の身体・財物・名誉を傷つけるハラスメントや不当なクレームによって事業者の介護業務に著しい支障を与えて事業者に契約を継続しがたい事態を生じさせ、その事態の改善が見込めない場合

　また、契約条項や重要事項説明書の記載があることで、契約当初に利用者や身元引受人に対して、事業者側がハラスメントや不当クレームを理由にサービス提供の拒絶や解約解除がなしうることを告知することになるので、ハラスメントや不当クレームの抑止の効果もあります。

書面によるサービス提供拒絶通知の書き方

　サービス提供の拒絶も、交渉拒絶と同じように書面で行います。

　交渉拒絶通知と同じく、このような通知書は、対応困難者が身元引受人の場合や通所介護施設、訪問介護施設では、郵便で発送となり、入所施設では、利用者本人には手渡しということになるでしょう。

　しかし、交渉拒絶通知と異なり、契約上のサービス提供の拒絶や契約の解

除をするのですから、対応困難者が身元引受人であっても、利用者本人、身元引受人の双方に通知する必要があります。

　但し、利用者本人に対する通知は、利用者が通知書の意味内容を理解できることが前提となります。通知書の意味内容を認知症等により利用者本人が理解できない場合は、成年後見人等の利用者に対する意思表示受領の代理権を有する者に送付する必要があります。

　サービス提供の拒絶は、利用者の健康及び生活に大きな影響を与えますので、まず、ハラスメント・不当クレームが継続した場合には、サービス提供拒絶・契約解除となることをしかるべき期限を定めて告知する通知（記載例①）をします。そして、期間経過後もハラスメント・不当クレームが継続した場合、サービス提供拒絶・契約解除の通知（記載例②）をすることになります。

　以上の要点を踏まえた記載例を示すと以下のような通知書の文面となります。

サービス提供拒絶通知の記載例①

令和△年△月△日

○○○○様
××××様

■■■■施設長
□□□□

（問題となっている案件）に関する要求とサービス提供のお断り

前略
当施設は、上記の件に関し、令和△年△月以降、××様より、再三にわたり、当施設の○○様への介護サービス提供に関し、（対応困難者の具体的要求を記載）との要求を受けてまいりましたところ、当施設におきまして、（要求が受け入れられない理由を記載）から、××様

の要求につきましては、対応致しかねる旨重ねて回答しております。

しかしながら、××様は、これに納得されず、連日、要求を受け入れることを求めて、当施設職員に対し、「あなたたちは、介護職員としての適性がない」「私の要求通りできないのであれば、介護の仕事を辞めなさい」などと繰り返し叱責し、このような要求は、令和△年△月以降、電話にて50件以上、合計通話時間は20時間以上に及び、また、当施設でも上記要求について面談要請を繰り返され、職員の対応回数は、10回以上、合計対応時間は20時間以上に及んでおります。

このような××様の度重なる執拗な叱責を伴う架電及び面談要請により、対応した当施設職員1名が心身に不調を来して休職したほか、当施設の業務は著しい支障を来しております。

つきましては、本書をもちまして、改めて、××様の要求をお断りしますとともに、本書到達後、職員に対する執拗な叱責を伴う要求を継続された場合、施設利用契約に基づく○○様に対するサービス提供をお断りさせて頂きますので、ご了承ください。

なお、当施設では、他の介護事業者のご紹介のご要望があれば、当施設において可能な対応をさせて頂きますのでご連絡ください。

草々

サービス提供拒絶通知の記載例②

令和△年△月△日

○○○○様
×××様

■■■■施設長
□□□□

サービス提供拒絶のご通知

前略

当施設は、令和△年△月△日付「(問題となっている案件)に関する要求とサービス提供のお断り」と題する書面により、××様に対し、職員に対する執拗な叱責を伴う要求を継続された場合、施設利用契約に基づく○○様に対するサービス提供をお断りさせて頂く旨ご通知しました。

しかしながら、××様は上記書面を受領以降も当施設に架電・来訪し、当施設職員に対して、「あの書面はなんだ。この施設は高齢者の要望を受け入れようとしない虐待施設だ」等の暴言を繰り返され、当施設職員の退去を求める要請にも応ずることなく、長時間にわたり当施設に居続けることを繰り返されました。

従いまして、当施設は、令和△年△月△日をもって、
サービス提供契約に基づく○○○○様に対する介助サービスを終了させて頂きますので、この旨、ご通知いたします。
なお、当施設では、他の介護事業者のご紹介のご要望があれば、当施設において可能な対応をさせて頂きますのでご連絡ください。

草々

第4章　具体的事例と対応例—想定問答と対応のポイント

事 例

1

利用者からのハラスメント
（身体的暴力と精神的暴力）
とその家族からのクレーム

状況

有料老人ホームＡ苑の男性入所者であるＢは、介護職員からおむつ交換などの身体介助を受ける際、手際が悪いと介護職員を「馬鹿者」「無礼者」等と怒鳴ったうえ、テレビのリモコンで強く介護職員の手を叩く等の暴力を繰り返している。若手職員Ｃは自身の介護技術が未熟であるためと感じ、Ｂに対して謝るのみで、暴言や叩くことを止めるように言わないでいた。しかし、施設長が若手職員Ｃの手に青あざができていたことから事情を聴いたところ、Ｂが暴言と暴力を繰り返していることが発覚した。施設長が施設の担当医に確認したところ、Ｂは軽い認知機能の低下はあるが、暴言や暴力はＢのパーソナリティーによるものとの見解であったため、施設長は、Ｂに暴言や暴力を止めるよう要請することにした。施設長がＢの部屋に赴き、若手職員Ｃが度々怒鳴られ、テレビのリモコンで叩かれて青あざを作っていたことを聞いたが、事実かどうか尋ねると、Ｂは、施設長に対し、「わかった。わかった。もうしない」と言ったため、施設長はそれ以上、話をせずに部屋から出た。その後、Ｂは若手職員Ｃに暴言や暴力を振るうことはなくなった。

その後、施設に来所したＢの身元引受人である長男から、施設長に対し、「父が施設長から強く叱責されてふさぎ込んでいる。父は、介護技術の未熟な若手職員を指導しただけで悪いことはしていない。父に謝罪してほしい」との要求がなされた。

長男

さっき、父に会ったら元気がなかったのでどうしたのか尋ねたら、施設長から強く叱責されたと言われた。父に事情を聞いたら、介助が未熟な若手職員に注意しただけだそうじゃないですか。父は悪くないじゃないですか。父に謝罪してほしい。

施設長

お父様から複数の若手職員が「馬鹿者」「無礼者」と怒鳴られ、テレビのリモコンで叩かれるということが繰り返されていることが分かりました。私が、そのような行為があったのか確認しようとするとお父様が「わかった。わかった。もうしない」とおっしゃるので、それ以上のお話はしませんでした。お父様がお気を落とされたことについては、申し訳なかったと思います。ですが、職員に対する暴言や暴力をそのまま放置することはできませんので、ご理解頂けますでしょうか。

長男

父は認知症の気があり、そういったこともある程度大目に見るのが介護施設じゃないんですか。

施設長

担当医にも確認したのですが、認知症によるものではないということでしたので、今後の介護職員の安全確保を含めて平穏な介護サービスを継続するために、暴言や暴力をお止め頂くよう、お父様にお願いしようと思いました。

長男

とにかく父がふさぎ込んでいるのをどうにかしてください。

施設長

お父様の状況はわかりましたので、お父様が元気になられるよう私どもでできうる配慮をしていきたいと思います。

事例 **2**
利用者からのハラスメント
（セクシュアルハラスメント）
と他の介護職員の反応

状況

利用者B（男性）は、脳梗塞のため左半身にまひが残り、訪問介護事業所Aの介護サービスを受け、現在若手の介護職員C（女性）が派遣されている。以前別のベテラン介護職員D（女性）が派遣されていたが、利用者Bが「Dの着替えの介助が乱暴だ」と苦情を繰り返すため、CがDに替わって利用者Bの介助をするようになった。しかし、利用者BはCに替わると、着替えの介助の際、Cに抱き着き、胸を触るようになり、驚いたCは何も言えず、少しの間そのままにさせていた。すると、毎回、着替えの際に利用者BはCに対して同じ行為を繰り返すようになり、あるとき、Cは利用者Bに対し、「胸を触るのは止めてもらえますか」と言ったところ、利用者Bは「いつものことだろ。どうしたの今日は」と言って平気な様子であった。

耐えられなくなったCは施設長に事情を告げ、利用者Bの介助を外れたいと申し出たため、その場に別のベテラン介護職員E（女性）を呼び、Eに利用者Bの介助を担当してもらえるかを確認することにした。なお、Aには男性の介護職員はいない。

想定問答　職員E　職員C　施設長

施設長

Eさん、CさんがBさんからセクハラを受けているようなんで、Bさんの介助を引き受けてもらえないだろうか。

職員E　セクハラって、Cさん、あんた何されたの。

職員C　着替えの介助の時に、抱き着かれて胸を触られました。

職員E　胸を触ったって、服に手を入れて？

職員C　服の上からです。

職員E　そんなの気にしたら駄目よ。身体介助すれば、自分の体のどこかは利用者に触れざるを得ないでしょ。させてあげなさいよ。私なんかその位、全然気にしない。

職員C　私はもう耐えられないです。これを我慢しなければならないんだったら、この仕事を続けていけません。

職員E　あんた、そんなんで、どうして介護職員になろうとしたのよ。

施設長　**Eさん。Cさんが受けているのは紛れもなくセクハラで、Cさんが我慢できないというのは、介護職員としても、もっともだと思うよ。施設としても、対応しなければならないと考えているので、どうか、Bさんの介助をしてもらえませんか。**

職員E　私はいいけど、Bさんに対する説明は施設長からしてくださいね。

施設長　**ケアマネさんにも事情を説明していて、明日、一緒にBさんのところに説明に行くので、Eさん、今週からお願いします。**

職員E　わかりました。

介護業務におけるハラスメント

ハラスメントとは一般的には、「相手を身体的または精神的に傷つける言動」とされています。

介護業務において顕著にみられるハラスメントは、以下のものです。

1）身体的暴力

物理的な力を使って介護職員に危害を与える行為

例：物を投げつける、蹴る、叩く、つねる

2）精神的暴力

介護職員に対し、侮辱、誹謗中傷して貶めたり、脅迫、強要して困惑、恐怖を与える言動

例：「役立たず」「ばか」等の発言。他の職員に悪口を言いふらす。怒鳴る、「クビにさせるぞ」「土下座して謝れ」等の発言

3）セクシュアルハラスメント

身体接触またはその要求、わいせつな言動

例：胸や尻を触る。抱きしめる。陰部を触るよう求める。猥談を聞かせる。わいせつな写真等を見せつける。

これらのハラスメントは、主に介護サービスの利用者によって行われます。

令和3年度介護報酬改定では、利用者やその家族から受けるハラスメントについては、職場環境が害されることを防止するための方針の明確化等の必要な措置を講じることを介護事業者に義務付けています。

介護業務におけるハラスメントの要因

介護業務において身体的暴力・精神的暴力が顕著にみられるのは、介護サービスの利用者の多くが高齢者であることから多かれ少なかれ認知機能の衰えがあり、感情の抑制が効きにくくなっていることが要因と思われます。

セクシュアルハラスメントが顕著にみられるのは、入浴介助などの身体介助が1対1の状況で行われ、かつ、身体的接触が不可避であることの客観的要因と利用者のパーソナリティー及び性的言動に関する認識の世代間ギャップ（壮年期に「セクハラ」という概念が現在ほど広く認識されていなかった

世代）という主観的要因によるもの思われます。

　これらの介護業界におけるハラスメントは、その要因から適切な対応をしなければ、常態化、あるいは、エスカレートする可能性が高いといえます。

　介護職員が常態的にこれらのハラスメントを受ける場合、介護職員として受忍すべき不快の限度を超えるものといわざるを得ません。

認知症とハラスメント

　利用者によるハラスメントで問題となるのは、当該言動が、認知症の症状として現れたもの（BPSD「暴力、暴言等の認知症の行動症状、幻覚、妄想等の心理症状」）である可能性があるということです。

　一般に「BPSDによる言動はハラスメントではない」といわれています。しかし、介護施設の利用者は認知症の症状が現れている人が少なくないので、この点を強調しすぎることは、ハラスメントを許容してしまう結果となりかねません。例えば、利用者から胸や尻を触られたり、抱き着かれたりすることが繰り返された介護職員に対して、管理者や利用者の家族などが事例1の利用者の長男のように「あの人は認知症の気があるから許してあげて」として利用者の行為を不問に付する理由となりがちです。

　ですので、主治医等の意見を聞いたうえで、明らかな認知症の症状として現れた言動で投薬等の医療的処置を取るべき場合でない限り、利用者に注意や警告をすることで改善が期待できるのであれば、ハラスメントとして対応を検討していくべきです。

介護技術の習熟度とハラスメント

　同じ利用者でも、ある介護職員が介助するときは、身体的・精神的なハラスメントを受けない、受けにくいということがあります。これは、その介護職員が長年の経験と熟練した技術で、利用者の特質を把握して、ハラスメントのスイッチを入れないように介助することができるようになっているからです。

　しかし、すべての、特に経験の浅い職員にこのような介助を求めることはできません。このような熟練の介助は、経験によって培われるもの、あるい

は、特別な技量によるものです。「介助技術の未熟さがハラスメントを招く」ということを上席者が常々口にしていると、事例１の若手介護職員Ｃのように「ハラスメントを受けるのは自分の介助技術が未熟だから」と考えてハラスメントを受けても上席者に報告するのをためらうことに繋がります。その結果、自信を無くしたり、ハラスメントに耐えかねて辞職してしまうことにもなりかねません。

　介護技術の未熟さがハラスメントの要因と捉えることは避けた方がよいと思います。

セクハラへの感受性の差

　同じ言動を受けても、ある人は耐え難いセクハラと感じ、ある人は、それほどのことはないと感じます。セクハラには人によって感受性の差があります。注意すべきは、「それほどのことはない」と感じている人の「耐え難い」と感じている人に対する発言です。

　事例２の介護職員Ｅの「そんなの気にしたら駄目よ。身体介助すれば、自分の体のどこかは利用者に触れざるを得ないでしょ」という発言は、ありがちなものと思いますが、言われた側には、同じ職場の同僚に対する不信感や介護職への絶望感に繋がります。また、「させてあげなさいよ。私なんかその位、全然気にしない」「あんた、そんなんで、どうして介護職員になろうとしたのよ」等の発言は、セクシュアルハラスメントやパワーハラスメントにすら当たると思います。

　セクハラへの感受性には差があること、実際にセクハラを受けた介護職員の耐え難い嫌悪感を施設の全職員が認識する必要があります。

ハラスメントの判断

　以上から、ハラスメントの判断は、「当該行為を受けた職員が介護職員として受忍すべき限度を超える不快を感じ、当該行為をした利用者に注意・警告をすることで改善が期待できる場合はハラスメントとして対応すべきである」ということになると思われます。

適切な初期対応の重要性

　介護業務におけるハラスメントは、その言動が最初に発生した段階で適切に対応しないと、常態化、エスカレートしていきます。まず、①介護職員の方がハラスメントを受けたと感じたら、すぐに管理者等に伝えることが重要です。介護職員の方々は、施設等で行われる接遇研修の影響からか、介護職員は利用者やその家族の言動を否定してはいけないという受容の概念に囚われ、ハラスメントを受けても、「どうしてこの利用者はハラスメントをするのだろうか？」「自分の介護が未熟だから」と我慢して抱え込んでしまう傾向があります。

　また、介護業務ではハラスメントは日常茶飯事で、利用者に注意しても収まるものでもないと考えている介護職員の方もいるでしょう。

　しかし、ハラスメントを受けた介護職員が「嫌だ」と感じたことを、「嫌だと感じないようにする」（深層演技）、また、他の介護職員が「よくあること」と放置するような態度を取ることは、ハラスメントを受けた職員の介護業務に対する絶望感に繋がります。

　ですから、施設の全職員にハラスメントについての理解が共有されることが必要です。

　そして、②ハラスメントがあった場合には、その場で、介護職員が適切にハラスメントを行った利用者に伝えることも必要です。この際、「○○さん。これはハラスメントです」と指摘するのではなく、「○○さん。・・・されると、私とても嫌なんです」と自分は当該利用者の言動で嫌な思いをしているということを率直に告げたほうがよいでしょう。「これはセクハラです」と言えば、「こんなのはセクハラじゃない」と言い返すことができますが、「私は嫌だと感じている」には言い返せないからです。また、利用者を「ハラスメントです」と告げて突き放すのではなく、「今後の介護のためにも嫌なので止めてほしい」というニュアンスで伝えることで、今後の利用者との関係を不必要にギクシャクさせないためです。

　シフトを変えてもらうという対応もありますが、他の介護職員もセクハラをする利用者の介護は担当したくないのであり、施設の人員によっては、シフトが組めなくなるということにもなりかねません。

　ですから、セクハラを受けた本人が率直に「嫌なので、止めてください」
と告げることも必要なのです。

サービス提供拒絶の警告の必要性

　そして、施設管理者は、ケアマネージャーに相談したうえ、最終手段とし
て、当該利用者に対し、③これ以上ハラスメントが繰り返された場合、サー
ビス提供の継続が難しくなるということを警告することが必要です。介護施
設・介護職員は利用者のハラスメントを受忍して介護サービスを継続する義
務があるものではありませんので、このような警告（但し、第3章で指摘し
たように実際にサービス提供を拒絶するには「正当理由」が必要）を躊躇し
ないことが重要です。

事例

3

入浴介助を撮影録画する利用者家族

状況

　訪問介護事業者Aの施設長は、入浴介助、食事介助等の介護サービスを提供しているB（男性）と同居している長男から、介護職員C（女性）の入浴介助における体の洗い方が不十分なので、きちんと体を寄せて、もっと隅々まで丁寧に洗うようにしてほしいとの要望を受けた。施設長は、長男に対し、Bがそう言っているのか尋ねると、長男は、入浴中にBが溺れる危険があるので、カメラを設置し、撮影して自分が確認していると答えた。カメラは、浴室の換気口に設置しているという。施設長は、介護職員Cに撮影の事実を知らせたところ、Cは、入浴介助の現場を隠し撮りしていたことに激しい嫌悪を覚えるとして、今後B宅への訪問介護を拒絶した。施設長は、B宅に赴き、長男に撮影を止めるよう求めることにした。

想定問答　　 要求する利用者家族・長男　　 対応する職員・施設長

施設長

浴室にカメラを設置していることを我々は聞かされておりませんでした。介護職員Cは女性ですので、お父様の入浴介助の様子を撮影されたことに関して強いショックを受けています。カメラは外して頂けますでしょうか。

長男

高齢者が入浴中に溺れて死亡するリスクは高いというじゃないですか。父を心配してのことなのに、何か盗撮したみたいに言われるのは

心外だ。

施設長　入浴介助の際にお父様が溺れるようなことは考えにくいと思われますし、ご長男様は在宅されていないので、撮影によってお父様が溺れることを防ぐということにもならないと思います。

長男　きちんと入浴介助しているか、虐待していないか確認する必要もあるだろう。

施設長　ご家族としてそのようなご懸念があることは理解できますが、介助職員の肖像権の問題もありますし、何より入浴介助の様子を撮影されている介護職員に強い拒否感があります。撮影は止めていただけますか。

長男　介護サービスを受ける利用者の家族は、介護サービスがどのようになされているか確認する権利があるんじゃないのか。

施設長　介護サービスの様子をご家族の方が普通にご覧になることを否定するものではありません。しかし、入浴介助を撮影されるのは、普通にご覧になるものとはいえません。施設・介護職員と利用者のご家族との信頼関係を損なうことにもなりますので、ご理解ください。

長男　なんだか俺が悪いことをしているみたいな言い方だな。父のためにしていることだから、撮影は止めない。

施設長　申し訳ありませんが、当施設としましては、入浴介助の撮影を止めて頂かなければ、入浴介助のサービス提供をお断りさせて頂かざるを得ません。ご再考をお願いします。

介助サービスの撮影の可否

　利用者の家族などが介助サービスの様子を撮影することに対して施設としてはどのように対応すべきでしょうか。

　訪問介護の場合、利用者宅内の撮影となるので、利用者やその家族の自由のようにも思われます。しかし、介助サービスの様子を撮影するということは介護職員も撮影対象になるのですから、介護職員の利益（肖像権等）保護の観点から、撮影は当然制約を受けます。

　まず、施設・介護職員に無断での撮影は、当該介護職員に窃盗や虐待の合理的疑いが認められるような場合を除いて許容されないというべきでしょう。

　このような無断撮影が行われた場合は、施設としては、利用者の家族に対して、撮影の理由を確認したうえ、当該介護職員に窃盗や虐待の疑いがある場合を除いて、厳重に抗議すべきであると思います。

　次に、撮影していることを施設・職員に告げたとしても、それで、撮影がすべて許容されるものではないと思います。撮影による介護職員の肖像権の侵害及び精神的負担、利用者家族と施設・介護職員の信頼関係への悪影響等の不利益を勘案してもなお撮影の必要性が認められなければ、施設としては撮影をお断りすべきです。

　例えば、食事介助によって利用者がきちんと摂食できているかを確認するために、利用者の摂食の様子を中心に撮影して、介助する介護職員の容貌が映らないようなカメラの位置・角度で設定されている場合は許容してもよいと思いますが、入浴介助のように撮影される介護職員に強い拒否感がある場合は、許容すべきではありません。

　このような介護サービスの利用者家族による撮影の問題点は、利用者家族によってカメラの位置・角度等の設定が自由に変更できるということと撮影された映像が動画投稿サイトなどに投稿・拡散する可能性があるということです。

　動画投稿がなされた場合は、介護職員のプライバシーや肖像権の侵害となり得ますし、拡散した動画を削除することは困難です。

撮影とサービス提供の拒絶

　施設側が撮影を止めるよう要請しても利用者家族がこれに応じない場合、施設はサービス提供を拒絶できるでしょうか。

　第3章で指摘したとおり、サービス提供の拒絶には正当理由が必要です。

　事例のように、当初施設に無断で入浴介助の様子を撮影していたうえ、施設側の説明・説得に応ずることなく、利用者家族が撮影を継続する意向を示している場合は、施設内で入浴介助を撮影されてもかまわないという介護職員がいないのであれば、他の介護事業者を紹介する等、当該介護事業者に取れる措置を講じたうえでサービス提供を拒絶することは、正当理由があるものと思われます。

事前の確認と告知

　訪問介護施設では、介護サービス提供開始時に利用者家族に対し、予め、住居内に利用者見守り等のためのカメラ設置の有無の確認及び介護職員の容貌が撮影され得るようなカメラ位置・角度の設置は、介護職員の肖像権保護等の観点から、施設の了承が必要であることを告知しておくのがよいと思います。

事例
4

利用者の転倒骨折と
利用者家族からのクレーム

状況

通所介護施設Aを利用する90歳代の骨粗しょう症の利用者Bが、トイレに行った際、便座から車いすへの移動で転倒し、腰骨を骨折してしまった。Bは日頃から車いすから便座、便座から車いすの移動は自分で行っていたが、その日は帰りの車に乗る時間となっていたため慌てたのか、車いすに手をかけそこない、転倒したものである。

施設長は、介助等に問題がなかったか聞取りを行ったところ、介護職員CはBの車いすへの移動を近くで見守っていたが、Cが手を差し伸べる間もなく、Bは転倒したとのことで、介助に特に問題はなかったものと判断した。

Bの入院先にお見舞を兼ねて、施設長はBの家族にお詫びをしたが、そこでBの長男から強い責任追及を受けた。

想定問答　　 要求する利用者家族・長男　　 対応する職員・施設長

施設長　**この度は、お父様が大変なお怪我をされてしまい、施設として誠に申し訳なく、お詫び申し上げます。**

長男　申し訳ないじゃ済まないんじゃないか。このまま寝たきりになったらどうする。お前らの責任だろ。

施設長　お父様は常日頃、ご自身で問題なく便座から車いすへの移動をされており、職員も近くで見守っていたのですが、転倒を防ぐことはできませんでした。

長男　うちの父は92だぞ。そんな高齢者に車いすへの移動の介助をしないのはおかしくないか。

施設長　当施設では、利用者の身体機能を衰えさせないために日常生活で利用者の方が問題なくできる動作は、介助するのではなく、見守るようにしています。

長男　その結果、高齢者が骨折しても仕方ないってことか。

施設長　今回のお父様の骨折に関しては、誠に申し訳なかったというほかありません。施設として、同様の事故が起こらないよう対応を検討しております。

長男　うちの父は骨折してしまったんだよ。今後の対応は関係ない。施設内で父が骨折したんだから、まずは、今回の事故について、施設の責任であることを認めてくれ。

施設長　それは、法的な責任ということでしょうか。

長男　法的責任を含めてだ。

施設長　法的な責任ということになりますと、今私の判断でお答えすることは混乱や誤解の原因ともなりかねませんので、致しかねます。

長男　責任逃れか。そういう態度を責任者が取ったということを SNS で世間に知らせるぞ。

施設長　**ご家族様が今回の事故に関して、法的な責任の有無を回答してほしいというご意向はわかりましたので、弁護士に確認したうえ、できるだけ早く施設としての回答をさせて頂きたいと思います。**

長男　弁護士は関係ない。施設長として施設には責任はないと考えているということか。

施設長　**ご利用頂いた方がお怪我をされれば、施設長として責任は強く感じます。ただ、法的責任となりますと、軽々に私がお答えすることは、先ほど申しあげましたとおり、誤解と混乱の原因となりかねませんので、ご容赦ください。**

長男　逃げるんだな。

施設長　**施設としての回答は後日させて頂きますので、申し訳ありませんが、失礼させて頂きます。**

利用者の骨折と施設の法的責任

　介護施設で利用者が転倒などで骨折することは、高齢者は身体機能が衰えており、骨粗しょう症等により骨折しやすくなっていることから、稀な事故ではないと思います。

　施設内で骨折事故が発生したということで、利用者の家族は、施設に責任があると考えがちですが、どのような場合でも施設が責任を負うというわけではありません。

　施設に法的責任（損害賠償責任）が認められるには、介護職員や施設に民法上の「不法行為責任」が認められることが必要であり、具体的には、施設や介護職員に「過失」があることが必要です。過失とは、簡単にいえば注意義務違反ですが、注意義務には、結果予見義務と結果回避義務があります。本件で言えば、当該高齢者が当該状況で転倒して骨折することを施設や介護

職員が予見できたか、そして、予見できたとして骨折事故を回避できたかが問題となります。

　事例の事案では、当該高齢者は常日頃、ご自身で問題なく便座から車いすへの移動ができていたとのことですが、92歳という年齢を考えれば転倒による骨折を予見すべきであり、そのような結果を回避すべく便座から車いすへの移動介助をすべきであったという主張もあり得ると思います。ただ、それでは、90歳代のすべての利用者に対し、日常できる動作であっても施設内では介助しなければならないということになってしまいます。日常問題なくできる動作は見守りつつ、動作に問題があるようであれば介助するが、問題がなければ介助しないで見守るという施設の方針自体問題があるとは言い難いように思います。

　介助をしないで見守るとしたうえで、高齢者であることから転倒による骨折をすることはあり得ることは予見できたが、事例のような状況では介護職員は転倒を防ぐことはできなかったとみるべきでしょう。

　ただ、転倒することが予測される場所にクッション材などを敷くなどして、転倒してもできるだけ骨折に至らないようにする措置を講じていたか（結果回避義務）は問われるかもしれません。

利用者家族からの責任追及には即答しない

　このように施設の法的責任の有無の判断はそう簡単ではありません。

　したがって、弁護士に相談・確認しないまま、利用者の家族に詰め寄られて軽々に施設の責任者が法的責任を認めるかのような発言をすることは避けるべきです。

　しかし、利用者の家族から責任の有無の返答を求められることはよくあることですので、事故後に利用者家族と面談する際は、事例の施設長のように「法的な責任ということになりますと、今私の判断でお答えすることは混乱や誤解の原因ともなりかねませんので、致しかねます」と返答ができるよう準備しておくべきでしょう。

責任の有無についての即答を要求し続ける場合

　事例の施設長のように法的責任についての回答をその場ですることは、混乱・誤解の元となるので、弁護士に確認したうえ早急に回答する旨、合理的な返答を繰り返しているにもかかわらず、利用者家族が執拗に要求を繰り返すようであれば、第3章で述べたように不当クレームと判断できますので、交渉を打ち切り、辞去（施設内での面談であればお引き取り願う）すべきです。

事例 **5**

利用者家族から利用者の褥瘡（床ずれ）に対するクレームを受け、さらに「痣」について虐待を疑われた

状況

有料老人ホームＡ苑に入所している糖尿病の基礎疾患を持つ利用者Ｂの褥瘡（床ずれ）が悪化し、医師による外科的処置が必要となった。キーパーソンの利用者家族（長女）にこのことを報告したところ、長女は、施設に訪れて利用者Ｂの褥瘡を見るや、こんなに酷くなるまで放置しておくとは何事かと激怒した。

長女はほとんど面会にも来ていなかったため、Ａ苑はコミュニケーションがとれておらず、また長女も利用者の状況をよく把握していなかった。

さらに、長女は利用者Ｂの手の甲に青あざを見つけ、こんなところに痣ができるのはおかしいし、痣があるとの報告も受けていないとして、施設が虐待したのではないかと言い出した。

想定問答　 要求する利用者家族・長女　 対応する職員・施設長

長女

こんなに酷くなるまで、対応をしなかったんですか。

施設長

体圧分散寝具の使用や定期的な体位変換を行い、栄養、スキンケアに気を付けてきたのですが、1か月ほど前から軽い床ずれがお尻にできてしまいました。以降、看護師による床ずれのケアをしてきたのですが、先週に入って床ずれが悪化し、昨日、担当医から一部組織が壊疽しているので外科的な処置が必要と言われ、昨日、ご連絡した次第です。

長女

そんなに急速に悪化するのはおかしくないですか。

施設長

お医者様のお話ですと、お母様は糖尿病の持病をお持ちですので、免疫力が落ちていることから急速に悪化したのだろうということでございます。

長女

治療費はそちらで負担して頂けるんでしょうね。

施設長

申し訳ございませんが、治療費につきましては、ご利用者様にご負担頂くことになっております。

長女

こういうことが無いように施設に預けているのに治療費を請求されるのは納得がいきません。それと、さっき気づいたんだけど、母の手の甲に痣があるわよね。あれはどうしたの。

施設長

私どもも、1週間ほど前にお母様の手に痣があることは気づいたのですが、職員も痣の原因となるようなことは見ておらず、お母様に聞いても知らないということで、原因はわかりません。おそらく、ベッドの手すりにぶつけられたのではないかと思います。

長女

手の甲に痣ができるなんて不自然でしょ。誰か母の手を叩いたんじゃないの。

施設長

そのようなことはないと思います。

長女

どうしてないといえるのよ。

施設長

お母様からのそのようなお話は伺っておりませんので。

長女　母は職員から仕返しされるのを恐れてそう言っているんでしょ。もう一度、きちんと調査して報告してください。原因が分からないのであれば、床ずれも放置による虐待の疑いがあるから、治療費は払いませんからね。

施設長　**申し訳ありませんが、床ずれに関しては、先ほど申しあげたとおり放置したことはございません。痣については、もう一度、スタッフに確認しますが、今、お母様のところへ行って再度お母様に確認されるというのはいかがでしょうか。**

長女　母は脅かされているかもしれないし、叩かれたのを覚えてないかもしれないでしょ。とにかく床ずれの治療費は請求しないでちょうだい。

施設長　**申し訳ありませんが、床ずれが悪化した経緯については、重ねてご説明致しますので、請求については、ご理解賜りたいのですが。**

長女　納得できないものは支払えません。

施設長　**改めて、床ずれと痣ができた経緯を書面で報告させて頂きますので、ご検討ください。**

長女　報告書は見させてもらいます。

利用者家族に対する利用者の受傷の報告

　施設内で利用者が受傷した場合、キーパーソンである利用者家族に対して報告するか否か判断に迷うことがあると思います。日常生活でできたちょっとした怪我、例えば、事例のように、どこかにぶつけて青あざができたという程度の受傷であれば、それを都度利用者家族に連絡することは、利用者家族にとっても負担となります。しかし、日常生活でできる小さな怪我のレベ

ルを超えて、治療を要する怪我の場合は躊躇なく連絡すべきです。

　A苑では、床ずれに外科的治療が必要となった段階で利用者家族に連絡していますが、軽度の床ずれが悪化し始めた時点で連絡すべきであったと思われます。特に利用者家族がほとんど面会に来ず、施設側とコミュニケーションが取れていない場合は、早い段階で連絡すべきです。突然、外科的処置を必要とするような受傷を目にした利用者家族は衝撃を受け、施設の対応に不信感を強くするからです。

　また、受傷の報告については、利用者家族に施設への来苑を求めたうえで、状態だけでなく、原因や経過も含めて丁寧にすべきです。

床ずれの悪化と治療費の負担

　利用者の受傷について施設に過失がないのであれば、治療費は利用者が負担すべきものです。事例でいえば、床ずれ防止のケア及び床ずれができた際の施設の対応に問題がなければ、利用者家族への報告が遅れたとしても施設が治療費を負担する理由はありません。報告の有無と床ずれの悪化との間に因果関係はないからです。

　しかし、事例の利用者家族のように、「こういうことが無いように施設に預けたのだから」等の理由を付けて支払いを拒む利用者家族もいると思います。その場合は、床ずれ防止のケアに試みていたが床ずれが発生してしまったこと。床ずれが急速に悪化したのは、医師によると利用者の基礎疾患である糖尿病が原因と思われることなどを丁寧に繰り返し説明して説得すべきです。

　それでもなお、利用者家族が納得しないようであれば、口頭の説明を繰り返しても堂々巡りの交渉になりますので、事例のように経緯を書面にして報告し、併せて請求書を送付するのがよいと思います。

虐待の疑いを受けた場合の対応

　事例では利用者の手に青あざができていることを見つけた利用者家族が利用者への虐待ではないかと主張しています。

　高齢になると血管がもろくなるので内出血しやすく、例えばベッドの手す

りに少しぶつけただけでも目立つ痣ができるようになります。

　しかし、利用者家族が痣を見つけると、特に面会をあまりしていないような場合、いきなり職員による虐待を疑う場合があります。近時、ニュース報道などで介護職員による施設入所者への虐待の報道が相次いでいることも影響していると思います。

　施設としては、利用者が痣などの小さな怪我をしていないか、日々、観察し、利用者に痣ができているのを見つけた場合は、利用者に「痣ができていますけど、どうされましたか」と申し向けて確認すべきです。そして、このような小さな怪我でも施設内で共有し、利用者家族が来所した際には、利用者家族が利用者の受傷を目にする前に、一言報告するのがよいと思います。

　そして、利用者家族から虐待を疑われたとしても、感情的に否定するのではなく、事例のように「利用者は、痣の原因を知らないと言っており、虐待ではないと思われる」旨落ち着いて説明すべきです。利用者家族から調査や報告を求められた場合は、お断わりせずに、「再度利用者と職員に確認したうえ、ご報告致します」として応ずるべきです。

　施設による確認及び報告後もなお、虐待を疑わせるその他の事実もないのに利用者家族が虐待を主張する場合は、不当クレームというべきですので、これ以上の対応はせず、虐待の主張に関する交渉は打ち切るべきです。

事例

6

服薬介助のミスと謝罪文及び
職員解雇の要求

状況

訪問介護事業所Aの介護職員Bは利用者Cに食事介助をした後、
Cから胃の調子がよくないので、胃薬（市販薬）を飲みたいと言
われ、利用者Cに示された薬の箱から1包とってCに渡した。し
かし、後でBが錠剤シートの裏側を見るとCに渡した薬は、整腸
剤（市販薬）であることがわかった。BがCに確認すると、Cは
間違いに気づき、自分が示した薬は先週、便秘気味の時に飲んだ
ものだったと答えた。

このため、Aの施設長は、Cの同居の家族（長男）に電話をして
事情を説明のうえ、C宅にお詫びに行ったところ、Cの家族か
ら、強く叱責され、Aを運営する事業会社の代表社名義の謝罪文
の提出及びBの解雇を求められた。

想定問答  要求する利用者家族・長男　 対応する職員・施設長

施設長

**この度は、職員がよく確認せず、お父様に間違ったお薬をお渡しして
しまい、大変申し訳ございませんでした。お父様のご体調にお変りは
ございませんでしょうか。**

長男

申し訳ございませんの一言で済む問題か。間違って飲ませたのが、劇
薬だったら、父は死んでいたかもしれないんだぞ。

施設長　誠に申し訳ございません。病院の処方薬の場合、しっかりと確認してお渡ししますが、お父様が示されたのは市販薬でしたので、職員は確認せず、そのままお渡ししてしまったようです。

長男　お前のところは、大手が運営している施設だろう。こんなミスをしたら、謝罪文を出すのが常識じゃないのか。

施設長　健康上の重大な被害が発生した場合は事業会社が謝罪文を出すことはありますが、今回、幸い重大な被害は発生していないようですので、施設長の私の謝罪でお許し願えないでしょうか。

長男　今回のように薬の確認をせず、間違って劇薬を飲ませたら重大な被害が発生しただろう。今回はたまたま整腸薬だったというだけで、やらかしたことの重大性をわからないのか。Bを解雇しろ。

施設長　私どもも、このようなことを繰り返さないように施設内で共有して再発防止に努めますので、ご理解頂けませんでしょうか。

長男　だめだ。反省と誠意が感じられない。事業会社本部に連絡してしかるべき対応を取ってもらう。

施設長　本部にご連絡されるということでしたら、私どもとしましては、本部の指示に従うこととさせて頂きます。

利用者にも原因がある場合の謝罪について

　職員の介助にミスや落ち度があり、利用者家族への謝罪対応をしていると、ときに執拗な謝罪要求や謝罪文の要求を受ける場合があります。

　「誠意のある謝罪がない」「一つ間違えればとんでもないことになった」等として、口頭の謝罪だけでは納得せず、施設や場合によっては運営事業会社

の代表者の謝罪文を要求されることもあります。

　事例では、利用者から示された薬が間違っていて、それをそのまま渡してしまったというものですが、薬を間違えたのは利用者の行為に原因があるとしても（事実経緯は説明しつつも）、言い訳をせずに謝罪すべきです。ともすれば、自分のミスを認めると責任を追及されるのではないかと考え、言い訳をしてしまいがちですが、これは、かえって利用者家族の怒りに火を付けてしまいます。

　この点、施設長は、利用者家族に対し、「この度は、職員がよく確認せず、お父様に間違ったお薬をお渡ししてしまい、大変申し訳ございませんでした。お父様のご体調にお変りはございませんでしょうか」と申し向けて適切な謝罪をしているといえます。

　問題は、すでにしかるべき謝罪をしているのに、それでは足りないとして、施設や事業者の代表者の謝罪文を求めてきたり、職員の解雇等の処分を求めてきたりする場合です。

謝罪文の要求を受けた場合

　このような執拗な謝罪要求を受けたときに、どう対応するべきでしょうか。

　組織としての謝罪には、原則があります。それは、謝罪はミスに相応した謝罪で足りるということです。逆に言えば、謝罪を要求している人が納得・満足するまでの謝罪ではないということです。

　ミスに相応したというのは、誰が（担当職員か、施設長か、あるいは事業者の代表者か）、どのようにして（口頭か、書面か）ということです。

　既に述べたとおり、対応困難者は有能感の確認など自身の精神的自己満足のために不当クレームを繰り返します。このため、職員が既に口頭で相応の謝罪をしていても、「それでは謝罪にならない」などと言って謝罪文の提出を求めたりするのです。

　この際に、対応困難者が納得・満足するまでの謝罪ということになれば、運営事業者代表者の謝罪文、あるいは、担当介護職員が土下座するという過剰・不適切な謝罪ということになりかねません。対応困難者に「そのような

謝罪では納得できない」と言われたとしても、そもそも納得するか否かはその人の主観的な問題ですから、際限がないのです。

　ですから、既にミスに相応した謝罪がなされているのであれば、それ以上の謝罪要求がなされても、「既に相応の謝罪をしておりますので、これ以上の謝罪のご要望はお受けできません」とお断りすべきです。

　事例では、介護職員が利用者に示された薬が整腸薬であったにも関わらず、胃薬かどうかの確認をせず、そのまま渡してしまったというミスですが、渡した薬が市販薬で利用者に健康上の被害も発生していないことから一般的には施設長の口頭の謝罪が相応であると思います。

職員解雇等の要求を受けた場合

　しかし、利用者家族はこれに納得せず、「今回のように薬の確認をせず、間違って劇薬を飲ませたら重大な被害が発生しただろう。今回はたまたま整腸薬だったというだけで、やらかしたことの重大性をわからないのか」と言って、担当職員であるBの解雇を要求しています。

　担当職員の処分については、施設が判断すべきことですし、Bに重大な過失や利用者に健康上の被害が発生したわけではありませんので、事例の施設長のように「私どもも、このようなことを繰り返さないように施設内で共有して再発防止に努めますので、ご理解頂けませんでしょうか」と丁重にお断りするのがよいと思います。

　事例では、それでもなお、利用者家族は、事業会社本部に連絡してしかるべき対応を求めると言っていますが、この時に、「本部に連絡するのは勘弁してください」等と言ってしまうと、延々と過剰な謝罪要求が続くことになってしまうので、注意が必要です。

　事例の施設長のように、「本部にご連絡されるということでしたら、私どもとしましては、本部の指示に従うこととさせて頂きます」と返答して交渉を打ち切るのがよいと思います。

謝罪文作成上の注意点

　事例と異なり、ミスが口頭の謝罪で済まないような重大な場合、例えば、

投薬介助のミスで利用者に健康上の悪影響が生じてしまった場合のようにミスが軽微とはいえず、かつ、先方もこちらのミスについて事実確認と謝罪を書面で求めてきているような場合、書面で謝罪することはやむを得ないと思います。

　このような場合に、謝罪文を作成する際の注意点ですが、先方の要求する文案で謝罪文を作成してはいけないということです。

　対応困難者は自身の有能感の確認のために謝罪文を要求するので、その内容も「自分の思い通りの」ということに固執します。したがって、往々にしてこちらが作成した謝罪文に難癖をつけ、訂正を求めたり、あるいは、自身で文案を作成して、「これに事業者の代表者の署名・捺印をしろ」などと求めてきたりします。このような謝罪文の内容は、書かれている内容が事実と違っていたり、不適当な表現による謝罪となっていたりします。また、このようなやり取りを繰り返して、謝罪文案について延々と交渉が続いたり、不適切な謝罪文が出来上がってしまったりすることになりますので注意が必要です。

　謝罪文の作成名義人は、あくまで介護施設側なのですから、明らかなミスがある場合を除いて、文面を先方の求めに応じて作成してはならないのです。

個人的な謝罪文の作成は厳禁

　また、謝罪文は組織として出すものですから、決して個人名義で作成してはいけません。

　対応困難者から「あんた個人が非を認めて一筆書いてくれればいいよ」などと言われて、介護職員個人が謝罪文を書いてしまうことがありますが、このような謝罪文は、後日、不必要な紛争の原因となります。「職員個人が謝罪文を書くことは禁じられていますので、お断りします」と言って、はっきりと断る必要があります。

事例

7

面会ルールを守らない利用者 家族による暴言と暴力的要求

状況

有料老人ホームＡ苑では、新型コロナウイルス感染拡大に伴い、面会の制限を行っており、予約制とし、面会時間は午後１時から午後５時としている。利用者Ｂの家族（長男）は、いつも予約なしに、面会時間経過後の午後６時ころ来苑して、「今日は残業がなかった。仕事が忙しく予約も取れないし、面会時間には来られない。母（利用者）が心配なので会わせろ」と強い口調で要求するので、施設長は長男の面会を許していた。しかし、ある時、長男は午後７時ころ、酒に酔って来苑し、面会を求めたため、施設長が面会をお断りしたところ、長男は施設長に対し、暴言を吐きながら、面会させるよう強要してきた。

___

想定問答　　 要求する利用者家族・長男　 対応する職員・施設長

施設長　**申し訳ありませんが、面会時間をかなりすぎておりますので、今日のところは、お引き取り頂けますか。**

長男　時間かけてわざわざ母親に会いに来た息子を追い返すのか。どういう了見だ。

施設長　**予てからお話しさせて頂いておりますように、新型コロナウイルス感染拡大に伴いまして、当施設では、面会を予約制としたうえで、面会時間を午後１時から午後５時とさせて頂いております。**

長男　お前は、今まで予約なしでも、面会時間でなくとも面会を許可してただろ。

施設長　**他のご家族様との公平性の観点から、今後は、特別の事情がない限り、規則通りの運用とさせて頂きたいと思います。**

長男　何が規則通りだ。バカヤロウ。てめえ張り倒されたいか。

施設長　**暴力的発言はお止めくださいますか。**

長男　お前が母親に会わせねえからだろうが。虐待してるから会わせられねえんじゃないのか。

施設長　**そのようなことはございません。**

長男　会わせるまで帰らないからな。

施設長　**申し訳ありませんが、お引き取り願えますか。**

長男　やだね。帰らしたいなら力ずくでやってみな。

施設長　**お引き取り頂けないと警察に通報せざるを得ませんので、お引き取りください。**

長男　やだね。（玄関に座り込む）

施設長　**警察に通報させて頂きます。**

長男　（立ち上がり）こんな扱いしやがって、ただじゃ済まないからな。（ドアを乱暴に開けて施設から出る）

面会ルールを守らない利用者家族への対応

　入所型の施設では、利用者家族等による入所者への面会時間が定められていますが、新型コロナウイルス感染拡大が繰り返されたことによって、今なお、面会を制限している施設が多いと思います。

　このような面会の制限は、法的には施設の施設管理権に基づくものですので、過度の制限にならない限り、施設側が利用者やその家族の了解なく設定することができます。ただ、面会の制限は利用者及びその家族にとって辛さを伴うものですので、当然、利用者やその家族に理解を求めたうえ、周知する必要があると思います。

　問題は、設定された面会の制限を守らない利用者家族にどのように対応していくかです。「忙しくて、予約の目途が立たない。面会時間に会いに行けない」という苦情を受けたからといって、それを許してしまっては、他の利用者やその家族との公平性が損なわれることになります。

　仕事が忙しいといっても、休日が全くないということではないと思いますので、休日のしかるべき時間を予約して面会することは不可能なことではないと思います。しかし、往々にして、自分の都合を中心にして、ルールを無視して面会しようとする利用者家族はいるものです。

　このような家族に対して、大事なことは、例外を認めるのは特別の事情がある場合に限るということです。例えば、単に仕事が忙しいとか、予約の目途がつかないという理由ではなく、海外赴任が決まり、それまでの間、多忙で面会時間に会いに来ることができず、海外赴任前に面会しなければ、1年以上会えないというような事情がある場合です。

　事例では、長男の強い要求に押されて、規則に従わない面会を認め、それが常態化していたようですが、一度、安易に例外を認めるとそれは多くの場合、常態化することになりますので、注意が必要です。

　そのような場合は、事例の施設長のように「他のご家族様との公平性の観点から、今後は、特別の事情がない限り、規則通りの運用とさせて頂きたいと思います」と申し向けて、運用を正常に戻すことが必要になります。

暴言を受けた場合の対応と退去要請

　事例では、施設長の発言に対し、長男が「何が規則通りだ。バカヤロウ。てめえ張り倒されたいか」と暴言を吐いています。このような暴言を受けたときに大事なのは、即座に暴力的発言の制止をするということです。暴力的発言や暴力的交渉も看過すれば常態化します。利用者の家族の発言だからと考えて躊躇するのではなく、はっきりと、暴力的発言は止めるように注意する必要があります。最初は、即座に毅然と制止することは難しいと思いますが、一度やってみると、次からは次第にうまくできるようになります。

　事例では、施設長から「暴力的発言はお止めくださいますか」と言われた長男は、施設長に対し、「虐待してるから会わせられねえんじゃないのか」と不合理な発言を返しています。このような発言をする人と交渉を続けるのは無意味ですので、事例の施設長のように、施設からお引き取り願うことになります。事例では、長男は廊下に座り込んで施設からの退去を拒否していますが、このように退去を求められて正当な理由なく施設から退去しない場合は、刑法上の不退去罪（刑法第130条）が成立しますので、警察に通報する旨警告します。それでも、退去しない場合は、施設内の平穏な秩序が維持できなくなりますので、躊躇せず、速やかに警察に通報すべきです。

書面による面会ルール順守の要請

　事例のように面会ルールに違反する面会が常態化している場合は、口頭で注意してもなかなかルールを守らないでしょうし、そもそも、常態化してしまうと口頭で注意もしにくいと思います。

　このような場合は、書面で面会ルール順守の要請を通知することが有効です。通知書面に①面会ルールを設定する理由、②面会ルールが守られていないことが繰り返されていることを記載したうえ、③今後は面会ルールの順守して頂くよう要請するのです。面会ルールを守ろうとしない家族に対しては、通知書面で要請することによって、「通知書面のとおり、今後は、面会ルールを順守して頂きますので、ご理解ください」と告げて、ルールに反する面会を断りやすくなると思います。

> 事例
> **8**

利用者間のトラブルと利用者家族からの強硬な要求

状況

通所介護施設Ａの利用者Ｂは、利用者Ｃの「目つきが悪い」「関西弁が嫌だ」と言ってＣを無視し、他の利用者に対して執拗にＣの悪口を言うようになった。ある時、Ｂが声高に「Ｃの言葉は下品で前科者みたいだ」と他の利用者に言ったのを聞いたＣは怒って、Ｂの後ろから背中をステッキで叩いてしまった。施設職員らはすぐに止めに入ったため、Ｂは背中に叩かれたところが赤くなる程度の怪我で済んだ。

施設長はＢ、Ｃの家族にこの件を報告したうえ、Ｂの家族に謝罪するためＢ宅に赴いたところ、Ｂの長女からＣを刑事告訴するので、Ｃを出入り禁止にするように要求された。

一方、ＣとＣの家族はステッキで叩いたことについてはＢに謝罪したいとの意向を示しているが、Ｂも自分に対する悪口について謝罪して欲しいとのことであった。

想定問答　　 要求する利用者家族・長女　　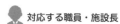 対応する職員・施設長

施設長

この度は、お父様に怪我をさせる事態となり、誠に申し訳ありません。施設管理者として深くお詫び申し上げます。

長女

これは犯罪ですよ。私たちとしてはこの件を軽く見ることはできませんので、Ｃさんに対し、刑事告訴するつもりです。施設の方には、警察の捜査に協力して頂きたいのと、告訴に対するＣさんからの報復の

可能性がありますので、Ｃさんに対して施設の出入り禁止とする措置を取ってください。

施設長

Ｃさんはステッキで叩いたことに関しては、お父様に謝罪したいと申されており、現在、施設としては、施設へのご来所がお父様と重ならないようＣさんに来所日を調整して頂いております。

長女

それでは不十分です。施設は犯罪者を通所させるんですか。出入り禁止にしてください。

施設長

出入り禁止ということは介護サービス提供の拒否となりますので、正当な理由が必要となります。今回のトラブルはお父様がＣさんの悪口を言われたことが発端となっており、幸い、お父様のお怪我も軽傷で済んでおりますので、私どもとしてはサービス提供の拒否まではできないのではないかと考えております。

長女

また父がＣさんに暴力を振るわれたらどう責任をとるつもりですか。

施設長

そのようなことはないと思いますが、先ほど申しあげましたとり、念のため、お父様と一緒にならないようにＣさんの来所日を調整して頂いております。

長女

とにかく刑事告訴はしますからね。

施設長

私どもとしましては、Ｃさんが謝罪したいと申されていますので、できればご宥恕頂きたいのですが。

長女

嫌です。

施設長　お父様がどうしてもということでしたら、私どもがお止めすることはできません。

他の利用者への中傷が続く場合

　介護施設内で利用者同士のトラブルとなることはよくあると思います。特に通所介護施設では、利用者が同一空間で過ごすことが多いので、トラブルが発生する可能性は高くなります。トラブル発生の当初は悪口の言い合い等の口喧嘩ですが、高齢になると感情の抑制が効かなくなる傾向がありますので、いきなり叩くなどの突発的暴力となることが珍しくありません。

　施設としては、この悪口の言い合い等のトラブルを、初期の段階で放置しないことが大切です。悪口が繰り返されると言われた方は周囲の人が考える以上に怒りをため込んでいます。それがいきなり爆発して突発的な暴力に発展するのです。

　事例では、利用者Bの他の利用者に対する利用者Cの悪口が常態化していましたが、施設としてはこの段階で介入すべきでした。

　まずは、Bに対して、Cの悪口を他の利用者に言わないようになるまで繰り返し、丁寧に注意、説得します。また、Cに対してもBに他の利用者にCの悪口を言わないよう注意、説得していることを告げ、怒りをため込まないようにします。そして、それでも、なおBが悪口を続けるようであれば、B及びBの家族にCと一緒にならないよう通所日時の調整をしてもらうよう要請すべきです。

　Bのように他の利用者に対してCの悪口を言い続けることはCの人格権を侵害することになりますからこのような行為を施設としては看過すべきではありません。

暴力を振るった利用者へのサービス提供拒絶の可否

　他の利用者から暴力を振るわれて医療機関での治療を要する怪我をした、あるいは、暴力が繰り返されているという場合は、暴力を振るった利用者に対し、施設がサービス提供を拒絶することに正当な理由があると思われま

　事例では、施設長は、「出入り禁止ということは介護サービス提供の拒否

す。

　事例では、施設長は、「出入り禁止ということは介護サービス提供の拒否となりますので、正当な理由が必要となります。今回のトラブルはお父様がＣさんの悪口を言われたことが発端となっており、幸い、お父様のお怪我も軽傷で済んでおりますので、私どもとしてはサービス提供の拒否まではできないのではないかと考えております」として、出入り禁止を求める利用者家族に対して、サービス提供の拒絶をお断りしています。

　暴力を振るったＣはＢに著しく感情を傷つけられる悪口を他の利用者に言われており、それに衝動的に反応して、Ｂの背後からステッキで叩いています。このような場合、当該暴力を誘引したＢにも相応の落ち度があるといえます。したがって、Ｃが自身の暴力に反省を示し、暴力を繰り返さないと誓約している場合は、暴力の被害者側が施設への出入り禁止を求めたとしても、サービス提供拒絶の正当理由は認めがたいとして、事例のように施設がサービス提供を拒絶しないとする判断をすることは許されるものと思います。

刑事告訴すると言われた場合の対応

　事例では、Ｃの家族はＢを刑事告訴すると言っています。施設としては、このような場合、どのように対応すべきでしょうか。

　Ｃは暴力を振るったことに関してはＢに謝罪する意向を示してますので、まずは、このことをＢの家族に示して刑事告訴の再考を促すことはしてよいと思います。

　しかし、それでもなお、Ｂの家族の刑事告訴の意思が固い場合、刑事告訴しないよう説得を継続するのは適切ではないと思います。刑事告訴する、しないは被害者本人の意思が尊重されるべきであり、また、刑事告訴の意思が固いのに説得を続けると、Ｃに一方的に加担しているとの非難を受け、Ｂの家族と施設との間でトラブルとなりかねないからです。

　したがって、事例の施設長のように、「お父様がどうしてもということでしたら、私どもがお止めすることはできません」として、説得を終了すべきです。

9

施設での買い物代行サービス
と食事に関するクレーム

状況

有料老人ホームＡ苑では、入所者やその家族から依頼されて近隣のスーパーなどで雑貨や食品を購入するサービスをしている。入所者Ｂの家族（長女）は、一日おき位に施設に電話をかけてきて、季節の果物や寿司等を指定して購入するよう依頼している。最近、買い物代行サービスを担当する介護職員Ｃが、午後１時ごろ買い物に出て、４時ごろに施設に戻ってくるということが続いたため、施設長が事情を聴くと、Ｂの長女が指定する果物や寿司等はスーパーには置いてないと言ったところ、店舗を指定して買いに行くよう指示を受けるようになり、電車を乗り継いで指定の店舗まで行って買ってくるとのことであった。

施設長は、職員が長時間買い物に時間を費やされると他の業務に支障が出ることから、Ｂの長女に電話して、近隣のスーパーで買えないような高価な食品の購入のご指示はお止め頂くよう伝えたところ、長女から施設の食事に関する苦情を受けた。

想定問答　要求する利用者家族・長女　**対応する職員・施設長**

施設長

お母様が召しあがる食品の購入のご依頼の件ですが、近隣のスーパー以外の店舗での購入に関しましては、職員の通常業務に支障が出ますので、ご遠慮頂けますでしょうか。

長女　母は食通ですからね。施設で出される缶詰みたいな果物や魚なんて食べられませんよ。なのでね、母が希望したものをお願いしたんです。それが駄目っていうなら、夕食には、必ず旬のお魚と季節の果物を付けてくださいますか。

施設長　**施設の献立に関しては、ご不満もあろうかと思います。私どもも、費用の制限はありますが、できる限り、栄養、おいしさ、食べやすさを考えて、入所者様に提供させて頂いておりますのでご理解頂けますでしょうか。**

長女　だから、施設の食事が満足のいかないもので我慢させられているんですから、自費で母の食べたいものを買ってきて頂いているんです。

施設長　**他の入所者様には近隣のスーパーで購入できるものの範囲で購入させて頂いておりますので、公平性の観点からご理解頂けないでしょうか。**

長女　他の方は知りませんけど、母はおいしいものを食べることが生きがいの人なんです。

施設長　**申し訳ありませんが、入所者の皆様に配布した案内に書かれておりますように「買い物サービスは近隣のスーパーで購入できるもの」ということで承っておりますので、今後は、他の店舗をご指定のうえでの購入のご依頼はお断りさせて頂きたいと思います。**

長女　入所の時、あなたの施設は「一人一人に寄り添ったサービス」を謳っていたでしょ。どうして母に寄り添った対応ができないの。

施設長　**ご希望に添えず申し訳ございません。**

長女
がっかりだわ。母にはあなたから説明してくださいね。

施設長
ご説明させて頂きます。

買い物代行サービスと職員の負担

　入所系施設では、利用者が希望する雑貨や食品などを施設職員が購入してくる買い物代行サービスを行っているところが多いようです。

　買い物代行サービスには施設の提供する食事に対する不満を解消する側面があります。外出が制限される入所者にとって毎日の食事は重要な楽しみの一つですが、施設では限られた予算の中で、栄養が偏らないように、誰もが食べられるような献立となりますので、「食べたいと思う食材が出ない」「味付けが薄い」等の不満はどうしても出てきます。そこで、利用者が食べたいと思う食品を施設の職員が購入してくることで入所者の施設の食事に対する不満がある程度解消されるわけです。

　しかし、買い物代行サービスは、購入、代金の精算、各利用者への仕分け等で介護職員の負担は意外と大きく、通常の介護業務に支障を及ぼすこともあります。

　事例では、食通の母親の要望を聞いた長女が、店舗を指定して、施設の近隣のスーパーで売っていない食品を購入するよう依頼し、施設の業務に支障を生じさせています。本来、近隣のスーパーで購入できないような食品は、入所者家族が面会時の差し入れなどで持ってくるべきですが、「一人一人に寄り添うサービス」を標榜する施設では、個々の利用者やその家族の要望をできるだけ聞き入れようとする結果、業務に支障を生じさせるような要望を受けてしまうことがあるのです。

買い物代行ルールの設定と書面での交付

　まず、このようなことが起きないように買い物代行のルール（例えば、購入する店舗の限定や購入できない物品の例示等）を決めて利用者やその家族に文書で配布しておくべきです。

　事例では、施設長が、長女に「申し訳ありませんが、『買い物サービスは近隣のスーパーで購入できるもの』ということで承っておりますので、今後は、他の店舗をご指定のうえでの購入のご依頼はお断りさせて頂きたいと思います」と申し向けています。

　次に、ルールを決めたら、特別扱いはしないということが重要です。事例の長女のように、「うちの母は食通だから」等と言われて、他の利用者家族以上の特別な対応をするのは、公平性の観点から適切ではないと考えるべきです。

施設の食事に関するクレームへの対応

　事例では、近隣のスーパー以外での買い物代行サービスをお断りしたことから、施設の食事に関するクレームを訴えるようになっています。

　施設の食事に対する不満・クレームは多いと思いますが、これに対する対応は、施設としては「限られた予算の中で可能な対応をします」というほかありません。

　そもそも、施設の食事を給食業者に依頼している場合は、給食業者に入所者から不満・クレームがあったことを都度伝えて、改善を求めることしかできないでしょう。

　これに対して、施設内で調理している場合は、調理者の「入所者の食事満足度への関心と調理への思い入れ」を向上させる対策を取ることが施設の食事に対する不満・クレームへの効果的対応となると思います。

　具体的には、①入所者の不満・クレームを具体的に調理者に伝える②食事の満足度についてのアンケートを取る③調理者に入所者が食事をしているところを実際に見てもらうなど、入所者の食事満足度を調理者が実感することによって、調理者の調理に対する思い入れを向上させるのです。

　また、入所者にとっても毎日の食事に自分たちの不満が反映されると思えますので、クレームも和らぐことが期待できます。

　食事に対する不満・クレームは個々人のものであり、予算も限られているので対応のしようがないと考えて紋切り型の対応をするのではなく、調理者の意識改善に目を向けた取組みを試みるのがよいと思います。

障害者に対する不当な差別で あるとのクレーム

状況

通所介護施設Aでは、レクリエーションで週1回、参加希望者による絵手紙制作を行っている。利用者Bは脳血管障害の後遺症のリハビリを兼ねて毎週参加していたが、Bは脳血管障害による高次脳機能障害（社会的機能障害）があり、些細なことでイライラして大声を出したり、他の利用者が使っている絵具や絵筆を奪い取ったりするなどの問題行動が目立つようになった。このため、他の利用者からBと一緒では、参加したくないとの苦情が増え、施設では、Bに別室（職員休憩室）で絵手紙制作をしてもらうことにした。施設の提案にBは特に不満を示さず別室で制作するようになったが、Bの家族（長女）からBを別室で絵手紙制作をさせるのは障害者に対する不当な差別であるとのクレームを受けた。

想定問答  要求する利用者家族・長女  **対応する職員・施設長**

長女
うちの母だけ別室で絵手紙制作をさせたそうだけど、母が脳血管障害で高次機能障害があることは知ってますよね。

施設長
はい、存じております。

長女
これは障害者差別解消法で禁じられている障害者に対する不当な差別になるのを知らないんですか。

施設長　ご指摘の障害者差別解消法の条項については存じております。ですが、お母様は、些細なことで他の利用者に大声を出したり、使っている絵具や絵筆を取ってしまうことが続きましたので、他の利用者がお母様と一緒では参加したくないとの苦情を受けるようになってしまいました。そこで、やむなく、お母様にお願いして別室で制作して頂きました。

 長女　他の利用者と別室でレクリエーションをさせること自体差別でしょうが。厚生労働省のガイドラインをお読みなさい。

  施設長　お言葉を返すようで恐縮ですが、絵手紙制作は希望者も多く、手指を動かすことや創造的制作が脳の機能を高めることから、当施設では大事なレクリエーションの一つと考えております。ですので、お母様にも参加して頂きながら、他の利用者も安心して参加できる方策として、お母様には別室で制作させて頂くこととしました。

 長女　だから母だけ別室でということが差別だと言ってるでしょうが。

 施設長　確かにお母様だけ、別室でということになりますが、先程述べましたようにそのようにさせて頂いたしかるべき理由がございますので、不当な差別にはならないと考えております。

 長女　納得できません。しかるべき機関に差別であると告発しますからね。

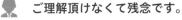 **施設長**　ご理解頂けなくて残念です。

障害者差別解消法─不当な差別的取扱いの禁止

　2016年4月に施行された障害者差別解消法は、その第8条において、「事業者は、その事業を行うに当たり、障害を理由として障害者でない者と不当

な差別的取扱いをすることにより、障害者の権利利益を侵害してはならない」と定めています。

ここに、「不当な差別的取扱い」とは、正当な理由なく、障害者を障害者でないものより不利に扱うことをいいます。

事例では、脳血管障害による高次機能障害（社会的機能障害）があるＢに別室での絵手紙制作をさせており、差別的取扱いをしているといえます。長女が指摘する、厚生労働省の「障害者差別解消法　福祉事業者向けガイドライン」にも、不当な差別的取扱いの例として「正当な理由なく、他の者とは別室での対応を行うなど、サービス提供場所を限定すること」という記載がありますが、問題は別室での絵手紙制作をさせることの「正当な理由」の有無です。

差別的取扱いが許される正当な理由

ここに「正当な理由」とは、障害者に対して、障害を理由として、サービス提供の拒否ないし制限をする取扱いが客観的に見て「正当な目的」の下に行われたものであり、その「目的に照らしてやむを得ない」といえることをいいます。

事例では、絵手紙制作が希望者も多く、手指を動かすことや創造的制作が脳の機能を高めることから、当施設では大事なレクリエーションの一つであり、他の利用者も障害を持つＢも参加できるよう（正当な目的）、Ｂの社会的機能障害により、他の利用者が絵手紙制作への参加に困難を生じさせていることから、他の利用者が安心して参加できるようにＢに別室での絵手紙制作を要請したものであり（目的に照らしてやむを得ない）、正当理由が認められると思われます。

正当な理由の判断とその説明

障害者とそうでない者との間でことなる取扱いをする場合、不当な差別的取扱いに当たるか否かが問題となりますが、事業者としては、個別のケースごとに、障害者、事業者、他の利用者の権利利益を比較考量しながら判断していくほかありません。

　施設としては、正当な理由があると判断した場合は、事例の施設長のように、「絵手紙制作は希望者も多く、手指を動かすことや創造的制作が脳の機能を高めることから、当施設では大事なレクリエーションの一つと考えております。ですので、お母様にも参加して頂きながら、他の利用者も安心して参加できる方策として、お母様には別室で制作させて頂くこととしました」と障害者である利用者やその家族に対し、その理由を説明できるようにしておくことが必要です。

正当な理由の説明を理解しない場合

　正当な理由があることの説明を尽くしても利用者や家族が理解せず、堂々巡りの交渉になる場合もあると思います。ここで安易に差別的取扱いを止めてしまうことは、他の利用者の利益を損ない、施設の業務に支障を与えることに繋がります。

　事例のように差別的取扱いが他の利用者のために必要であり、障害者にも特に不利益を与えない場合（絵手紙制作の目的は別室で制作しても達することができる）には、事例の施設長のように、「ご理解頂けなくて残念です」と申し向けて、正当理由の有無の議論を打ち切ることもやむを得ないと思います。

事例 **11**

身元引受人による利用者と他の家族との面会制限要求

状況

　有料老人ホームA苑の利用者Bの身元引受人は長男Cである。B には長女Dがいるが、Cは利用者である母にDと面会させないよ うに施設に指示している。しかし、施設では、Bは認知症ではあ るものの娘であるDとの面会を望んでいたため、施設に訪れたD と面会させたところ、このことを聞きつけた長男Cは「契約者の 指示をなぜ聞けない」と施設にクレームをつけ、Dに面会させな いよう強硬に要求してきた。

想定問答　 要求する利用者家族・長男　 **対応する職員・施設長**

長男

今まで何の世話もしていない妹が、母が施設に入ったからと、のこの こ会いに来るなんて不愉快だ。どうせ遺産目当てなんだから、妹から の面談申請は断れ。会いに来ても会わせるな。なんで契約者である私 の意見が聞けないんだ。

施設長

申し訳ありませんが、私ども有料老人ホームのような入所施設では、 入所者とご家族の交流の機会を確保するよう自治体からの指導を受け ております。ですので、面会を希望されるご長女様にお母様の面会を お断りすることはできないものと考えております。

長男

妹は以前、母に会ったら暴言を吐いたり、虐待したりしてた。それが 繰り返される危険があるから面会させるな。

施設長 お母様はご長女様との面会を楽しみにされ、面会時も喜んでおられましたので、そのような危険はないかと思います。

長男 あんたは妹のことをよく知らないからそんなことが言えるんだ。身元引受人である私は母の施設での生活に関して意見を言う権利があるはずだ。

施設長 ご意見としては承りますが、施設としては、お母様がご長女と面会することを希望されている限り、ご長女様が当苑に来られましたら面会して頂くことにさせて頂きます。

長男 身元引受人の指示を聞かないなんて入所契約違反じゃないか。

施設長 顧問弁護士にも相談しましたが、入所者であるお母様が面会を望んでおられる場合、身元引受人がそれを制限する意向を示しても、施設としては面会を制限すべきではないとの見解でした。

長男 納得がいかない。

施設長 ご理解頂けなくて残念です。

身元引受人による面会制限要求への対応

　施設が、身元引受人などから特定の家族と利用者を面会させるなという要求を受けることがあります。施設としては、このような面会制限の要求に応じてよいのでしょうか。施設入所契約書などで、「施設は身元引受人の利用者への介護に関する要望に配慮する」等の条項が定められていると、施設としては判断に迷うかもしれません。

　しかし、基本的人権として、利用者の家族は利用者と面会する自由が保障されています。したがって、感染症法等による医療的な観点からの面会制限

81

や高齢者虐待防止法等の法令による虐待防止の観点からの面会制限等の例外的措置を除き、利用者本人が面会を拒否していない以上身元引受人の面会制限の要求に応ずるべきではありません。

　事例の施設長も指摘していますが、国や自治体も有料老人ホームの設置運営指導指針で「有料老人ホームの設置者は、（中略）入居者とその家族との交流の機会を確保する」と定めています。

面会制限要求に応じてしまう施設

　私も数年前に、身元引受人から面会制限の指示を受けているとして施設（有料老人ホーム）から面会を拒否されている方から施設との交渉依頼を受けたことがあります。その施設では、身元引受人の了承がない限り面会することはできないという対応でしたので、上述の理由を記載して面会制限をすべきではない旨の通知書を施設に出しました。ところが、それでも施設は面会制限を続けたため、やむなく有料老人ホームを指導・監督する自治体に当該施設に対する指導を求めた結果、ようやく施設は面会を認めました。

　この事案のように身元引受人からの要求に従って面会制限をしてしまうという対応をとる施設がありますが、利用者及び面会制限を受ける家族の権利・利益を損なう対応となりますので、このような身元引受人の要求に応ずるべきではありません。

相続問題と面会制限

　事例では、身元引受人は、面会制限の理由を虐待の恐れがあることを理由としていますが、このような理由を告げられただけで面会制限に応ずる対応も不適切です。利用者本人は面会を望んでおり、面会時も楽しく過ごしていたというのですから、身元引受人が主張する虐待の恐れはないと考えられます。事例の施設長のように、「お母様はご長女様との面会を楽しみにされ、面会時も喜んでおられましたので、そのような危険はないかと思います」と申し向けて、虐待の恐れは認められないことを指摘すべきです。

　面会制限を求めてくる理由の多くは相続問題にあります。被相続人である利用者を施設で他の相続人と会わせないようにして囲い込み、自分に有利な

遺言書を作成させたという事例はよく見られます。

弁護士及び自治体への相談

　施設としては、このような相続問題に巻き込まれることのないよう、身元引受人からの面会制限の要求に対しては、毅然と対応すべきです。

　そのためには、面会制限の要求への対応について、事例の施設長のように弁護士に相談したり、あるいは、自治体の施設を指導・監督する部署に確認するのがよいと思います。

事例
12
男性職員を夜勤から
外して欲しいとの要求

状況

有料老人ホームＡ苑の利用者家族（長女）から、利用者であるＢの居室のナースコールが外されていたとの苦情が度々入るようになった。

施設では、その都度調べたが、原因は分からなかった。Ｂは認知症であり、自分でナースコールを抜いてしまうことがあり得た。長女は不信感を強め、理由は言わずに特定の男性職員Ｃを名指しで怪しいと主張するようになった。このため、施設では、Ｃを含め、他の職員にも聞取り調査を行なったところ、ナースコールが外れていたことが確認された日の当日及び前日にＢの居室内に入った、あるいは、入ることが可能であった職員はＣ以外に夜勤の職員を含めるとかなり多数いた。また、Ｃが休日で勤務しておらず、Ｂの居室に入り得ない日があった。そこで、施設長はこのことを長女へ説明した。

すると長女は、今後、夜勤から男性職員を外して欲しいと要求し出した。男性職員は施設職員の半数近くを占めるため、男性職員を夜勤から外すことは施設としては困難である。

想定問答　要求する利用者家族・長女　**対応する職員・施設長**

施設長
調査の結果、ナースコールが外れていたことが確認された日の当日及び前日にお母様の居室内に入った、あるいは、入ることが可能であった職員はＣ以外に夜勤の職員を含めるとかなり多数おりました。ま

た、それらの日のうち、**C** が休日で勤務しておらず、お母様の居室に入り得ない日があることが分かりました。ですので、**C** がナースコールを外したという可能性はないかと思います。

長女　**C** と他の職員が共謀して複数で手分けしてやった可能性があるでしょ。

施設長　そのような可能性を申されますと、当施設の大半の職員がナースコールを外した可能性があるということになってしまいます。

長女　私は、やったのは男性職員だと思っています。ですので、日中は他の職員の目があるのでナースコールを外しにくいでしょうから、夜勤だけでいいので男性職員を外してください。

施設長　申し訳ありませんが、男性職員は職員の半数近くおりますので、男性職員を外すと夜勤のシフトが組めなくなってしまいます。

長女　母の命を優先に考えてください。

施設長　もちろん、お母様の安全が第一です。しかし、夜勤のシフトが組めなくなると施設全体の入所者の皆様の安全確保に支障が生じることになります。
認知症状が現れているお母様がご自身でナースコールを外した可能性はありますので、1週間ほど前から、お母様のお力ではナースコールを外しにくいような工夫を施したところ、今日までナースコールは外れていないようです。
ですので、少し、様子を見るということでいかがでしょうか。

長女　ナースコールを外すんじゃなくて、別のやり方で母が虐待されるかもしれないでしょ。

施設長 **お母様がご心配なお気持ちはわかりますが、現に、お母様が職員から虐待を受けているという形跡はございません。**

従いまして、夜勤の職員を限定するという対応をお受けすることは致しかねます。

 長女 母に何かあったら責任を取って頂けるんでしょうね。

 施設長 **そのようなことにならないよう努めさせて頂きます。**

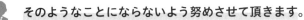

職員による虐待を疑われた場合の対応

　利用者家族から、居室内の物がなくなった、壊されている、または、事例のようにナースコールが外されているとして、それらが、介護職員によるものとの疑いを受けることがあります。

　これらが介護職員によるものであれば、虐待というべきですが、当然、介護職員によるものではない、利用者の誤解、利用者本人によってなされたものであることもあり得ます。特に利用者が認知症の場合、本人の思い違いや物忘れ、無意識の行為がありますので、その可能性は高くなるでしょう。

　施設としては、利用者の家族からこのような疑いを受けた場合、しかるべき調査（①状況を確認して、②利用者本人から話を聞いたうえで、関係職員から聞取りを行う）をする必要があります。

　これに反し、利用者が認知症だから何かの思い違いだろう考えて調査を怠ることは大きなリスクがあります。後日、職員によるものであると判明した場合、利用者及び利用者家族から強い非難、責任追及を受けることになりますし、法的にも施設として注意義務違反が認められることになるからです。

　しかるべき調査をしたうえで、調査結果を丁寧に利用者家族に報告・説明します。

利用者家族に対する報告・説明について

　その際、職員によるものではないとの結論で終了させたいとの考えから、

十分な根拠もなく、調査の結果、「職員によるものではないとの結論に至りました」というような断定的な説明をすることは避けるべきです。そのような説明を受けた利用者家族は、「どうして断定できるんだ」と不信感を強くしてしまうからです。

　実際の多くの場合では、「職員によるものであることを疑わせる事実は確認できないが、そう断定するまでの根拠はない」という調査の結果になるはずです。

　したがって、利用者に対する説明は、「調査の結果、職員によるものであることを疑わせる事実を確認することはできませんでした」にとどめた、「今後、同様の事態が発生しないよう・・・の方策を取ったうえ、注視を継続致します」として、対応策を提示し、今後も注意を継続することを示すべきです。

説明に納得せず過剰な要求をされた場合

　このような説明を施設側がしても利用者家族が納得せず、過剰な要求をしてくる場合もあります。事例では、施設長が夜勤から男性職員を外すよう要求を受けています。

　まず、調査結果を踏まえた諸事情から、施設職員によってなされたものであることを疑わせる事実が認められない以上、事例のような具体的根拠のない虐待の恐れを前提とした過剰な要求は、たとえ、対応可能であったとしても受け入れるべきではありません。理由のない過剰な要求を一度受け入れてしまうと、さらに不必要な要求を受け続けることが多いからです。

　この場合は、事例の施設長のように、「もちろん、お母様の安全が第一です。しかし、夜勤のシフトが組めなくなると施設全体の入所者の皆様の安全確保に支障が生じることになります」「お母様がご心配なお気持ちはわかりますが、現に、お母様が職員から虐待を受けているという形跡はございません。従いまして、夜勤の職員を限定するという対応をお受けすることは致しかねます」と申し向けて、丁寧に、しかし、毅然とお断りすべきです。

第5章　不当クレームから介護職員を守るための組織的対策

第1　不当クレーム対応マニュアルの作成

　介護施設の組織的な不当クレーム対策の第1は、不当クレーム対応マニュアルの作成です。

　マニュアルを作成する際に、考えておかなければならないことは、どうしてマニュアルを作るのかその意味と記載すべき内容です。

不当クレームに対する考え方の表明

　まず、職員に対し、不当クレームについての介護施設としての考え方を示すということです。

　利用者やその家族からの要求・クレームの中には、ときに社会的相当性を逸脱するものがあり、それによって介護業務に支障を来し、介護職員が精神的に疲弊しているという事実と、それに対しては、原則的な顧客主義的対応（「納得・満足するまでの対応」「寄り添う対応」）とは異なる対応が必要であるという認識を提示するのです。

不当クレーム対応の文書化

　次に、介護職員が不当クレームに対し、毅然と適切な対応をするためには、個々の介護職員の経験・スキルに頼るだけでは不十分であり、文書化した手引きが必要だということです。

　「対応困難者に対しては、顧客主義的対応ではなく、毅然とした対応が必要」というだけでは、実際の場面で、どのような方針で、どのように対応すればよいのか分かりません。この「実際の場面での逡巡」を回避するために文書化した手引きであるマニュアルが必要なのです。

　例えば、対応困難者が施設に居座り行為をした場合は、退去要請をして、退去させる。退去要請に従わない場合は警察に通報すると言われても、そのような経験がない介護職員は、具体的に手順が記載されたものがないと、現

実には行動できないのです。

　以上のような不当クレーム対応マニュアルを作成する意味については、マニュアル巻頭の「はじめに」に次のように記載します。

はじめに

　私たち介護事業者と職員の皆さんは、利用者やご家族に寄り添い、ご満足いただけるサービスを心掛けています。

　しかし、残念ながら、利用者やご家族からの要求・クレームの中には、ときに社会的相当性を逸脱するものがあり、それによって介護業務に支障を来し、また、皆さん方職員が精神的に疲弊してしまう場合があります。そのようないわゆる不当なクレームに対しては、原則的な顧客主義的対応（「納得・満足するまでの対応」「寄り添う対応」）とは異なる適切な対応が必要です。

　職員の皆さんが不当なクレームに対し、適切な対応をするためには、個々の経験・スキルに頼るだけでは不十分であり、文書化した手引きが必要であるとの観点から本マニュアルは作成されました。

　職員の皆さんは、本マニュアルに記載されている事項を基本として、不当なクレームに対し、適切な対応を行ってください。

事例式マニュアル

　次に、マニュアルに記載すべき内容ですが、実際の場面における判断、対応の拠り所としてのマニュアルですので、一般的な対応を記載するだけではなく、具体的な不当クレーム事例を前提としたものとすべきです。

　したがって、当該介護施設で実際に発生した不当クレーム事例を基にした事例検討を設けるべきです。「過去の事例検証」「事例集」として具体的な事例を記載して、第4章のように各事例における対応のポイントや問題点を示

して説明します。

トークスクリプト（想定問答）

　さらに、第4章の想定問答のような事例全体のトークスクリプトを記載するのがよいと思います。なぜかというと、当該事例の交渉打切り、すなわち、クローズまでの経過をイメージすることができるからです。

　必ずしも想定問答のように短時間で収束するわけではありませんが、このクローズまでのイメージがあるのとないのでは、実際の交渉におけるストレスにかなり差が出てきます。

　そして、このようなトークスクリプトや想定問答を利用する際の注意ですが、決して、記載されている内容を覚えてそのまま話そうとしてはいけないということです。覚えて話そうとすると、実際の場面で書いてあったことを思い出そうとして頭が真っ白になって何も言えなくなったり、不自然な言い方になってしまうからです。

　ですから、マニュアルのトークスクリプトなり想定問答を読んで、「こういうことを言えばいいんだな」と頭に入れたうえで、自分なりの言いやすい言葉で言ってみるのです。そうすると自然な形でうまく言うことができます。

交渉の限界設定

　また、初期対応について、交渉の限界設定をマニュアルに記載しておくことが重要です。

　利用者や利用者家族に対する説明・説得は、主張・要求をしっかり傾聴したうえで、説明・説得を繰り返す必要があります。しかし、説明を繰り返すといっても限界があります。既に述べたとおり、介護職員の方々は一般の民間企業の従業員よりも本質的に不当クレームを受けがちですから、限界設定

をする必要性が高く、1回の交渉で概ね1時間が限度と考えるべきです。

　対応困難者は自省心に欠けているので、介護職員の方々が説明・説得を尽くしても、その説明・説得に歩み寄ってくることはなく、堂々巡りの交渉になります。

　1時間説明・説得を尽くしても納得も諦めもしてくれない人は、その後、2時間、3時間と説明を繰り返しても決して納得も諦めもしてくれません。

　この交渉時間の限界設定（概ね1時間）を施設内の共通認識とするために、不当クレーム対応マニュアルに交渉時間の限界設定を記載しておくのです。

　このような限界設定をすることに関して、「対応困難者の理不尽な主張・要求にも背景がある」と考え、彼らの主張を真に受けるべきではありません。冷静に考えれば、彼らの主張・要求は、不健全な自己愛による独善的・不合理なものにすぎません。

　「根気よく説明すれば、誰でも必ずわかってもらえる」「介護職員は不満を持つ利用者や家族に寄り添い続けなければならない」と唱える人がいますが、このような理念的なスローガンが現実に対応困難者と対応する介護職員の方々の足かせになっているのです。

各危機対応手順の記載

　そして、(1)利用者や利用者家族から暴言・暴力を受けた場合、(2)利用者同士の暴言・暴力等のトラブルが発生した場合、(3)職員による窃盗、虐待の苦情を受けた場合等の各危機対応手順を記載します。このような危機対応は、マニュアルで文書化され、それを職員の方々が理解していないと適切に対応することは困難です。

　対応手順にはトークスクリプトも記載した方がよいでしょう。実際の場面でどのような発言をして対応すればよいのか苦慮することが多いからです。

　例えば、次のような記載となります。

(1)利用者や利用者家族から暴言・暴力を受けた場合の対応手順

① 暴言・暴力を受けた職員による行為者に対する制止の要請

「・・・を受けるのは、大変つらいのでお止め頂けますか」

② 施設長へ報告

③ 施設長は関係職員と情報共有

④ 対応を関係職員と検討

⑤ 対応（行為者に対する事実確認、警告、担当職員の変更等）

(2)利用者同士の暴言・暴力等のトラブルが発生した場合の対応手順

① 職員の介入と行為者に対する暴言・暴力等の制止

「・・・されると○○さんが傷つくので、××さん止めてくれますか」

② 行為者と被害者を分離して、行為者に事情を聴いたうえ説諭、被害者には心情的にケア

行為者に対して

「どうして○○さんに・・・したんですか」

「そうだとしても、・・・はよくありません。止めてくださいね」

被害者に対して

「つらい思いされましたね、××さんには○○さんに・・・しないように言いました。また××さんから・・・されたら教えてくださいね」

③ 行為者による再度の暴言・暴行があった場合は施設としての対応検討

④ 対応（サービス提供拒絶、契約解除の警告等）

(3)職員による窃盗、虐待の苦情を受けた場合の対応手順

① 利用者や利用者家族から事実経緯を聴取して確認し、事実経緯を書面化

② 関係職員から事実聴取

③ 窃盗、虐待の事実の存否を顧問弁護士、医師等を交えて、施設内で協議して判断、対応を検討

④ 利用者や利用者家族へ書面にて調査結果及び今後の対応を報告

不当クレーム・ハラスメントの判断基準

　マニュアルに記載すべき最も重要な内容の1つが、不当クレームやハラスメントを判断する基準です。

　第3章、第4章で述べたところによれば、各判断基準は次のとおりになると思います。

不当クレーム（法的対応への切替え）の判断基準

① 　介護施設・介護職員として「適切な初期対応」※を行っている。

　※適切な初期対応とは、傾聴し、丁寧な説明・説得・率直な回答・を繰り返すこと

② 　にもかかわらず、堂々巡りの要求が繰り返されている。

③ 　結果、職員の精神状態を含めて介護業務に支障を来している。

ハラスメントの判断基準

① 　当該行為を受けた職員が介護職員として受忍すべき限度を超える不快を感じている。

② 　当該行為をした利用者に注意・警告をすることで改善が期待できる。

サービス提供拒絶の判断手順

　マニュアルに記載すべき最も重要な内容の2つ目は、サービス提供拒絶の判断手順です。

　第3章で述べたところによれば、対応手順は次のとおりになると思います。

① 　不当クレームと認めることができる。

② 　交渉打切りでは介護業務への著しい支障を回避できない。

③ 　次の要件を満たし、サービス提供拒絶の正当な理由を認めることができ

る。

ⅰ）介護事業者側が利用者や身元引受人となっている家族に対し、不当クレーム・ハラスメントによって介護業務に著しい支障を与えていることを説明したうえで、不当クレーム・ハラスメントを止めるようしかるべき時間を取って複数回、説得を試み（複数回の説得）、

ⅱ）不当クレーム・ハラスメントが継続した場合には、サービス提供の拒絶・契約解除となることを告知し（サービス提供拒絶の告知）、

ⅲ）告知後もなお、介護業務に著しい支障を与える不当クレーム・ハラスメントが継続し、当該介護施設における通常の介護業務の継続が困難となっている場合（介護業務への著しい支障。例えば、ハラスメントによって介護職員の介護サービスを拒否するものが複数出てシフトが組めなくなったり、複数の退職者ないし退職希望者が出るに至っている場合や、不当クレーム対応で複数の職員が長時間の対応に追われ、本来の施設業務に著しい支障が生じている場合など）、

ⅳ）他の介護事業者を紹介するなど、当該介護事業者において可能な利用者の生活・健康に及ぼす悪影響を回避する方策を講じたうえで（他事業者の紹介）、

これらの判断基準や判断手順は、各施設の種類（訪問型、通所型、入所型）、人員施設規模、現状に応じて、当該施設に合うようアレンジします。

また、第3章で記載した交渉拒絶、サービス提供拒絶の通知文案も掲載するとよいでしょう。どのような通知を出すのかを頭に入れておくと、そこに行くまでの対応も安心して適切に行うことができるからです。

第2　不当クレーム・ハラスメント対応研修

介護施設の組織的な不当クレーム対策の第2は、不当クレーム・ハラスメント対応研修の実施です。

介護施設でのクレーム対応研修というと今までは、いわゆる接遇研修的なものが多かったと思います。しかし、対応困難者による不当クレーム・ハラスメントによって介護業務に支障が生じたり、介護職員の精神的な負担が看

過できないものとなってきたことから、不当クレーム・ハラスメント対応を
テーマとした研修を実施する介護事業者も増えてきていると思います。

　不当クレーム対応の研修で欠かすことができない内容は、具体的事例の検
討です。講師から、一般的、抽象的に「不当クレームには毅然とした対応を
すべきである」などと言われても、職場に戻って、実際に対応困難者に対応
している時に、「どう対応すればいいのか」ということになるからです。

ロールプレイの有効性

　このことから、不当クレーム・ハラスメント対応の研修をする場合、でき
るだけ、ロールプレイを実施するのがよいと思います。

　ロールプレイというのは、具体的な事案・状況を設定したうえで、対応困
難者役と対応する職員役に分かれて、アドリブでやり取りをするというもの
です。

　例えば、利用者から職員がセクシュアルハラスメントを受けた状況で、ど
のように対応、発言するかをその場で演じるのです。

　対応困難者役は最初、講師にやってもらい、受講者に要領が分かってきた
ら職員の方も対応困難者役をやるのがよいと思います。

　実際にやってみると、ロールプレイだとは分かっていても、なかなか言葉
が出てこないことが分かります。頭が真っ白になって、何も答えられなくな
る職員の方もいると思います。しかし、この経験が重要なのです。ロールプ
レイですら、現に、対応困難者に対応すると、自分が考えているような対応
がそう簡単にはできないことがよく分かります。

　そして、職員役をやっている職員だけでなく、そのやり取りを見ている職
員も、「自分だったらどう何と言って対応するかな」と、自身をその場にお
いてみていると、非常に参考になるのです。

　さらに対応困難者役をやってみると、無理難題な要求を同僚の職員にして
いるうちに、対応困難者の心情が分かってくるようになります。自分が対応
困難者になりきって、彼らがよく言うセリフを言ってみると、彼らの執拗な

不当クレームの真の目的が、怒りの留飲を下げることだったり、有能感の確認であることが実感としてよく理解できるのです。

最後に、ロールプレイの後、トークスクリプト（想定問答）を記載したプリントを配布して対応困難者との交渉を収束させる会話のイメージを掴んでもらえるようにします。

第3　事例検討会

介護施設の組織的な不当クレーム対策の第3は、事例検討会の開催です。

不当クレーム対応による職員の精神的疲弊を軽減するには、介護施設内の情報と方針を共有することが重要です。施設全体で情報と方針を共有することができれば、介護職員全体のストレスの軽減に繋がります。

そのために、開催すべきであるのが不当クレーム事例検討会です。

その施設で発生した不当クレーム事例を対応担当職員が発表し、その際の実際の対応について、参加した職員が意見を言い合うのです。

例えば、「ここで、こういう説明の仕方よりも、こうした方がよかったのでは」「もう少し、利用者家族の要求を整理してから、対応をお断りした方がよかったのでは」など、事後の検討会ですので、この際は、批判的な意見が出てもよいと思います。あるいは、「自分は、そのような対応ができなかったので、今後、同じような対応をするようにしたい」など、賛同的な意見が出るということもあるでしょう。

大事なことは、具体的な事例に即して意見を言い合うということです。

「そもそも、介護職員は利用者や利用者家族の不満を傾聴しなければならない」というような一般論を言っても意味がありません。

具体的な事例を基に意見を言い合うことで、不当クレーム対応に関する施設の共通認識が職員全体で集約・共有されていきます。このことが重要なのです。

そして、自身は経験していない不当クレーム事例を具体的に知ることで、その対応の経験・ノウハウを職員全体で共有することができます。

介護施設でも、講師を招いて不当クレーム・ハラスメント対応研修を行うことが多くなっていると思いますが、講師の話を聞くだけではなく、施設内

で不当クレーム事例検討会を開催して、職員が経験した事例を発表したり、具体的な対応について意見を言い合う経験をすることによって、施設全体の意識改革に繋がるのではないかと思います。

第4　利用者や利用者家族に対する告知

　介護施設の組織的な不当クレーム対策の第4は、事業者・施設からの利用者や利用者家族に対する告知です。

　利用者や利用者家族に対する告知の最初にして最重要なものは、契約書と重要事項説明書です。

　第3章で指摘したとおり、利用者や利用者家族による不当クレームやハラスメントによって、介護業務に著しい支障を来して、サービス提供の拒絶や契約解除をせざるを得ない場合もあります。このようなときに、契約条項や重要事項説明書に明文の規定がなければ、事業者としてはサービス提供の拒絶や契約の解除を躊躇するでしょう。

　契約条項や重要事項説明書に利用者や利用者家族による不当クレームやハラスメントを理由とする条項がない場合は、第3章に記載した条文例を参考に、速やかに改定していくべきです。

　また、サービス利用開始時や具体的な不当クレーム・ハラスメント事案が発生した場合にも、利用者や利用者家族に施設からのお願いとして、不当クレームやハラスメントはお断りする旨の書面を施設内に掲示したり、利用者や利用者家族に配布・送付することも重要です。

　いわゆる「受容」の概念や「寄り添う対応」というスローガンに囚われて、このような告知を躊躇してしまうと不当クレームやハラスメントを抑制することは困難になります。

　但し、お願いの書面は、広く施設の利用者や利用者家族が目にするものですので、利用者や利用者家族の心情に配慮した丁寧な文章にすることが必要です。

　例えば、次のとおりとなります。

利用者とご家族への当施設からのお願い

当施設をご利用の皆様が安全かつ平穏にサービスの提供が受けられるよう、以下の点についてご協力をお願い致します。

　暴力、暴言等のハラスメント、セクシュアルハラスメントや社会的相当性を逸脱する不当なクレームは対応する職員が精神的に疲弊し、介護業務に著しい支障をもたらします。

　そこで、当施設では、以下のような暴力、暴言等のハラスメント、セクシュアルハラスメント及び社会的相当性を逸脱する不当なクレームについては、固くお断りさせて頂きます。

　また、暴力、暴言等のハラスメント、セクシュアルハラスメントや社会的相当性を逸脱する不当なクレームが続く場合、サービスの中断やご契約を解除させて頂く場合があります。

　以上、ご理解賜りたくお願い申し上げます。

暴力、暴言等のハラスメント

・物を投げる、叩く、手を払いのける

・怒鳴る、侮辱（「役立たず」「馬鹿」等）、激しい非難（「この仕事辞めてしまえ」等）

セクシュアルハラスメント

・抱き着く、胸や尻を触る、手を握る。卑猥な発言やヌード写真を見せる

不当なクレーム

・職員が要求をお断りしているにもかかわらず、長時間拘束して要求し続ける

・契約で定められているサービスを明らかに超えるサービスを執拗に要求し続ける

おわりに

　介護業界に関するテレビ報道や記事を見て感じることは、「理想」と「諦め」に分離しているということです。

　例えば、介護の理念は「個人の尊厳を守ること」であり、介護は、「高齢者の人生の集大成」にお伴するやりがいのある仕事である。高齢者やその家族の一見、理不尽・不合理な言動に対しても、「受容」し、「共感」することで高齢者やその家族に寄り添う介護が実現できる、といった考え方をよく目にします。

　しかし、「個人の尊厳」や「共感」は崇高な概念ですが、それは最初から感ずべきものなのでしょうか。本当の「個人の尊厳」とか「共感」は、その職業に長く携わった経験の中で実感されるものだと思います。

　一方で、介護の現場から、「高齢者のパワハラ、セクハラは日常茶飯事、一々気にしていたら仕事は回らない」という毎日の業務をやり過ごすための諦観の声も聞こえます。

　おそらく、多くの介護職員の方々は、ある時はやりがいを感じ、ある時は憤りを感じながら仕事をされていると思います。その中で、燃え尽きてしまう介護職員の方々が多くいるとすれば、現状のどこかにバランスが取れていない側面があるということではないでしょうか。

　個人の尊厳は、利用者やその家族のみ守られるべきものではなく、介護する側にも求められなくてはならないはずです。

　そして、「よき介護」もその先に初めて実現するものであると思います。

《著者紹介》

横山雅文（よこやま　まさふみ）

表参道法律事務所　弁護士
昭和38年2月9日生
中央大学法学部法律学科卒業
平成3年4月　弁護士登録
国内法律事務所の勤務弁護士を経て、
平成10年10月　表参道法律事務所設立
東京弁護士会住宅紛争処理委員
著書『プロ法律家のクレーマー対応術』（PHP研究所）
　　『事例でわかる　自治体のための組織で取り組むハードク
　　レーム対応』（第一法規）
　　『事例でわかる　自治体のための組織で取り組む　続　ハー
　　ドクレーム対応―新型コロナや災害対応等の事例と職員
　　のメンタルヘルス防衛策編―』（第一法規）

サービス・インフォメーション

――――通話無料――――
①商品に関するご照会・お申込みのご依頼
　　　　　　TEL 0120(203)694／FAX 0120(302)640
②ご住所・ご名義等各種変更のご連絡
　　　　　　TEL 0120(203)696／FAX 0120(202)974
③請求・お支払いに関するご照会・ご要望
　　　　　　TEL 0120(203)695／FAX 0120(202)973

●フリーダイヤル（TEL）の受付時間は、土・日・祝日を除く
　9:00～17:30です。
●FAXは24時間受け付けておりますので、あわせてご利用ください。

事例でわかる　介護職員のための組織で取り組む
不当なクレームの見極めと対応

2023年3月15日　初版発行

著　者　　横山　雅文
発行者　　田中　英弥
発行所　　第一法規株式会社
　　　　　〒107-8560　東京都港区南青山2-11-17
　　　　　ホームページ　https://www.daiichihoki.co.jp/

介護クレーム　ISBN978-4-474-09116-0　C2036　(5)